Wander dich schlank
in den Bayerischen Alpen

Frische Luft und viel Bewegung verleiht neuen Schwung.

Prof. Dr. Ingo Froböse · Martina Gorgas

Wander dich schlank
in den Bayerischen Alpen

Mit 30 Touren gut gelaunt zur Wunschfigur

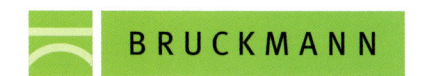

BRUCKMANN

Inhaltsverzeichnis

Vorwort ... 11

I THEORIE

Einführung ... 14
Aktiver Stoffwechsel ... 16
Die Kombination macht's ... 17
Glücksgefühle unter freiem Himmel ... 18
Soziale Komponente ... 19

Wandern – der ideale Sport ... 20
Regelmäßig aktiv sein ... 21
Gut trainiert ist halb gewonnen ... 21
Wandern und dabei abnehmen ... 22

Wandern braucht Ergänzung ... 23
Aktiv sein, aber richtig ... 23
Muskeln – sie heizen dem Stoffwechsel ein ... 25
Die Kraftausdauer ... 25
Die Muskelmasse ... 25
Die perfekte Ergänzung: Ausdauertraining ... 26
Jeder Schritt zählt ... 26
Rituale machen dem Alltag Beine ... 27

Die richtige Ernährung ... 28
Was passiert in meinem Körper? ... 28
Liefern Sie genügend Energie ... 29
Essen Sie im Biorhythmus ... 30
Essen auf der Wanderung ... 34
Ganz wichtig: Wasser! ... 35

Ein Ausflug in die Berge macht auch Kindern Spaß.

DAS 12-WOCHEN-WANDERPROGRAMM 36

Stufe 1:
Der ideale Einstieg (für Anfänger) 38
Auf was muss ich beim Einstieg ins aktive Wandern
achten? 38
Wie trainiere ich zu Hause? 38
Erste Wandertour 40
Sechswöchiger Trainingsplan für Anfänger 42

Stufe 2:
Das Körpertraining (für Fortgeschrittene) 44
Intensitätssteigerung 44
Sechswöchiger Trainingsplan für Fortgeschrittene 46
Verpflegungstipps 49
Motivationstipps 49

Stufe 3:
Der Gipfel ist erreicht (für Gipfelstürmer) 50
Einteilung der Belastung 50
Wetter- und Höheneinflüsse 50
Ausrüstungshinweise 51
Regeneration 51
Ernährung vor und nach der Tour 51

Frühlingswiese im Allgäu

Panoramablick:
Einfach mal abschalten und genießen

II PRAXIS – DIE TOUREN

Für Einsteiger 52

1 Zur Muckklause auf der Winklmoosalm 54
  Durch ruhige Bergwälder und
  über sonnige Almwiesen 1.30 Std. ●

2 Mit der Bahn auf den Rauschberg 56
  Zwei Gipfel und Kunst am Berg 1.30 Std. ●

3 Rundweg im Tal der Valepp 60
  Ein idyllisches Tal, ein rauschender Bach
  und gleich zwei Hütten 2.15 Std. ●

4 Durchs Murnauer Moos 62
  Eine Landschaft, die Maler und
  andere Künstler inspirierte 3 Std. ● / ●

5 Durch die Kendlmühlfilzen bei Grassau 66
  Bayerns größte zusammenhängende
  Moorlandschaft 3.30 Std. ●

6 Vom Alpsee auf die Alpe Gschwenderberg 68
  Aussichtsreiche Wanderung
  im Oberallgäu 1.45 Std. ● / ●

7 Auf den Auerberg im Pfaffenwinkel 70
  Der Jägersteig und die wildromantische
  Feuersteinschlucht 2.30 Std. ●

8 Zur Sonntraten über dem Isartal 74
  Ganzjährig empfehlenswerte
  Aussichtsterrasse 1.45 Std. ● / ●

9 Von Lenggries auf die Denkalm   76
   Beliebtes Feierabendziel
   der Einheimischen   2.15 Std. 🔵

10 Zur Königsalpe im Oberallgäu   78
   Im Bergstättgebiet über Weitnau
   und Missen   2.30 Std. 🔵

Für Fortgeschrittene   80

11 Von Mittenwald zur Mittenwalder Hütte   82
   Das Karwendelgebirge
   als großartige Kulisse   3 Std. 🔴

12 Auf den Hohen Kranzberg bei Mittenwald   84
   Imposante Gipfel und
   drei zauberhafte Seen   3.30 Std. 🔵 / 🔴

13 Von Schliersee zur Gindelalmschneid   88
   Traumziel zwischen Schliersee
   und Tegernsee   3 Std. 🔴

14 Wanderung zur Lenggrieser Hütte   90
   Traumhafter Karwendel- und
   Wettersteinblick   3.45 Std. 🔵 / 🔴

15 Rundwanderung über das Feichteck   92
   Auf stillen Wegen und Pfaden
   zum Gipfel   4 Std. 🔴

Haflinger beim Grasen auf der Alm

16 Von Reit im Winkl zum Taubensee   94
     Kleiner Abstecher nach Österreich   4 Std. ●

17 Von Bolsternang auf den
     Schwarzen Grat   96
     Ein einmaliger Naturraum –
     die Adelegg   3.30 Std. ●

18 Drei-Schlösser-Tour ab Füssen   100
     Einfach traumhaft – auf den Spuren
     der Wittelsbacher   3.45 Std. ●

19 Von Oberstdorf nach Gerstruben   104
     Eine imposante Schlucht und ein Dorf
     wie aus dem Bilderbuch   4 Std. ●

Für gut Trainierte   108

20 Rundwanderung auf dem
     Bayrischzeller Höhenweg   110
     Großartige Ausblicke auf Bayrischzell
     und seine Bergwelt   5 Std. ● / ●

21 Über die Kotalm aufs Brauneck   112
     Auf den Sonnenbalkon
     des Isarwinkels   4.30 Std. ● / ●

22 Von Sachrang auf den Spitzstein   114
     Abwechslungsreiche Bergtour
     mit Kaiserblick   4.30 Std. ● / ●

23 Von der Spielmannsau
     zur Kemptner Hütte   116
     Traumtour in den Allgäuer
     Hochalpen   6 Std. ●

24 Von Birgsau zur Rappenseehütte   120
     Unterwegs im Naturschutzgebiet
     Allgäuer Hochalpen   6 Std. ●

25 Von Scharling auf den Hirschberg   124
     Ein Klassiker – sowohl im Sommer als
     auch im Winter   6 Std. ●

26 Von Oberau auf den Krottenkopf   126
     Zum höchsten Gipfel
     der bayerischen Voralpen   7.30 Std. ●

Wander-Einsteigern kann die Bergbahn den Abstieg erleichtern.

Winterwanderungen 128

27 **Über Wamberg zum Eckbauer** 130
Vom höchsten Dorf Deutschlands
zur tiefsten Klamm 3.30 Std. ● / ●

28 **Riederstein und Baumgartenschneid** 134
Auf den höchsten Gipfel
zwischen Tegern- und Schliersee 4.30 Std. ●

29 **Aueralm und Fockenstein** 136
Eine gemütliche Alm und
ein felsiger Gipfel 3 bzw. 5.45 Std. ●

30 **Von Garmisch-Partenkirchen auf den Wank** 138
Sonnige Aussichtsterrasse
im Estergebirge 6.15 Std. ●

Register 141
Bildnachweis / Impressum 144

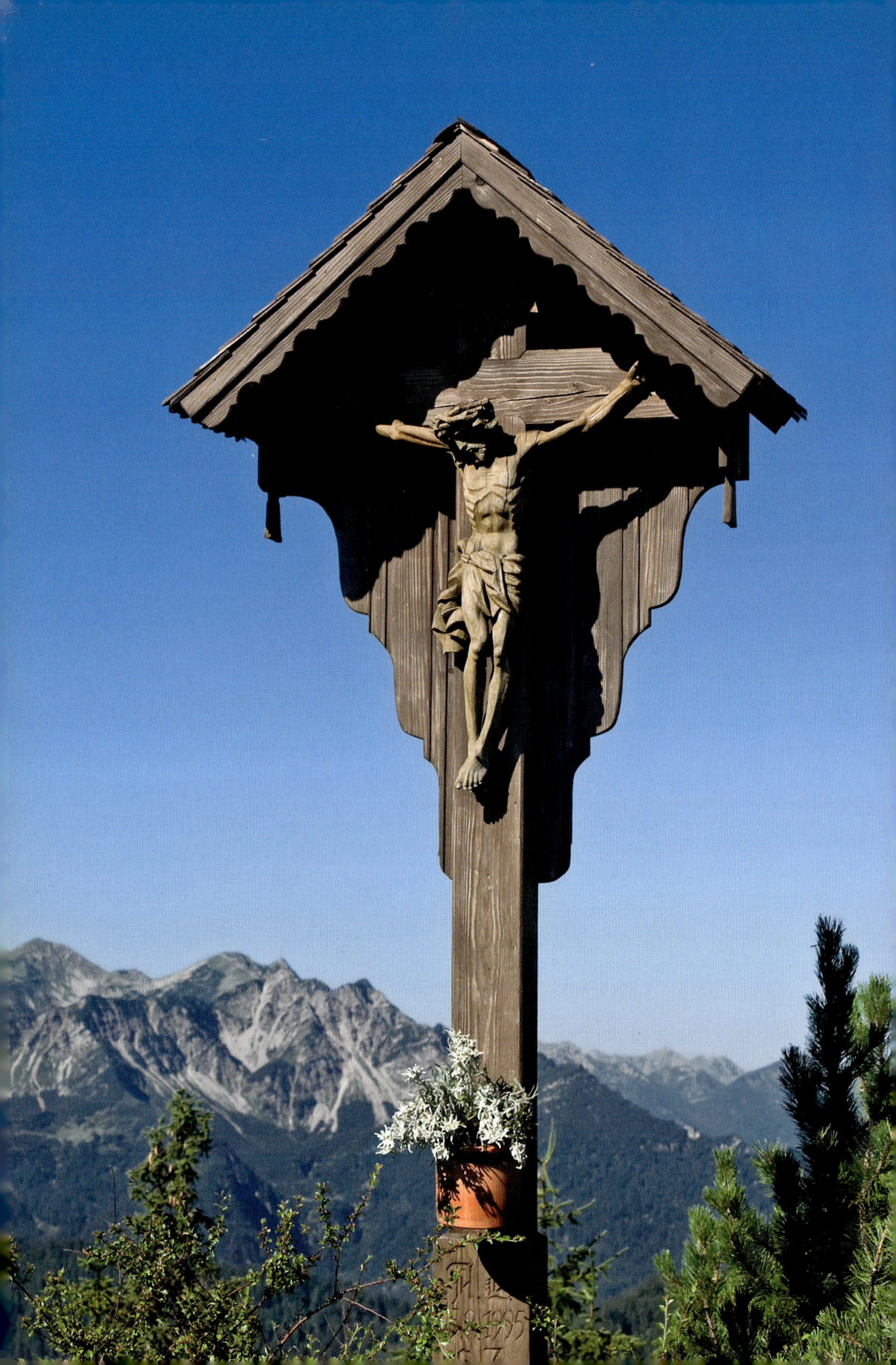

Vorwort

Hätten Sie das gedacht? Wandern lässt die Pfunde schwinden! Zahlreiche unserer aktuellen Forschungen zeigen eindeutig, dass regelmäßige moderate körperliche Aktivität eine wunderbare Methode ist, um gesund und fit zu bleiben und zu werden. Selbst der tägliche Spaziergang, die »Feierabendrunde«, der Weg zum Bäcker oder zur Arbeit zeigt derartig große Wirkung, dass Ihre Gesundheit langfristig davon profitieren wird. Kombiniert mit leichten Wanderungen in einer wunderschönen Umgebung stärken Sie sämtliche Funktionen Ihres Organismus, verbrennen Kalorien, gehen den ungeliebten Fetten an den Kragen und tun nebenbei ganz viel für die Seele. Denn was ist schon schöner, als eine Wanderung in der herrlichen Natur der Bayerischen Alpen?

In Verbindung mit Tipps zur Ernährung haben wir in diesem Buch ein einfaches aber höchst effektives Wander-Trainingsprogramm für Sie zusammengestellt. Unser Buch bringt Sie nicht nur in ungeahnte Höhen, sondern hält auch ganz viel Gutes für Ihre Gesundheit bereit. Die detailliert beschriebenen Touren machen Lust auf mehr und sind der Einstieg in ein neues, aktives Leben. Für jeden, egal ob Anfänger, Fitnesssportler oder erfahrener Gipfelstürmer, ist etwas dabei. Unsere Empfehlungen und unser 12-Wochen-Programm sind so differenziert, dass dabei unterschiedliche Leistungsniveaus berücksichtigt werden. Und haben Sie den »Gipfel« des Programms erst einmal erklommen, dann stehen den echten Bergen keine Hindernisse mehr im Weg – und das zu jeder Jahreszeit.

Also, worauf warten Sie noch? Wagen Sie den ersten Schritt, dann gelangen Sie mit diesem Buch gut gelaunt zur Wunschfigur.

Viel Erfolg wünschen Ihnen,
Prof. Dr. Ingo Froböse
Martina Gorgas

Oberbayerisches Wegkreuz

Wandern – egal ob allein oder mit Freunden – macht nicht nur schlank, sondern auch glücklich und zufrieden.

I Theorie

Herrliche Wanderkulisse in typisch Allgäuer Voralpenlandschaft

Einführung

»Geübte« setzen den Fokus auf Kalorien-Reduktion. Es wiederholen sich jedoch immer wieder die gleichen Fehler.

Um das eigene Körpergewicht zu reduzieren, schlagen viele den Weg einer »klassischen« Diät ein: Die Kalorienzufuhr wird ganz ohne Vorbereitung von heute auf morgen (drastisch) reduziert. Aus dem Speiseplan wird weit mehr gestrichen als lediglich süße, salzige und fetthaltige Sünden – denn oftmals wollen Abnehmwillige zu schnell zu viel. Der menschliche Körper erleidet eine Hungersnot. Er erfährt eine Unterversorgung an wichtigen Nährstoffen.

Die Reaktion des menschlichen Organismus darauf: Er fährt den Stoffwechsel zurück und spart so jede mögliche Kalorie. Dieser Trick hat die Menschheit vor dem Aussterben bewahrt, wenn Nahrung Mangelware war. Diesen steinzeitlichen Mechanismus tragen wir auch heute noch in uns, und er ist der Auslöser für den bekannten Jo-Jo-Effekt.

Bereits nach kurzer Zeit (wie beispielsweise bei einer sogenannten »Crash-Diät«) reagiert der Körper auf die Mangelversorgung und schaltet um auf Sparflamme: Der Körper drosselt den Energiebedarf für alle lebensnotwendigen Funktionen herunter, und überschüssige, nicht verbrannte Kalorien landen in Form von Fettpolstern auf Hüften und Taille. Auf diese Weise ist gewährleistet, dass der Körper auch während dieser »Hungersnot« über ausreichende Reserven verfügt, auf die er bei Bedarf zurückgreifen kann.

Hat man den eigenen Stoffwechsel einmal mühevoll heruntergewirtschaftet, so ist er auch nach der Diät nur schwer wieder aus dem Keller zu holen. Bei diesen verlorenen Kilos handelt es sich nicht – wie oft bei Diäten, die auf Kalorienreduktion basieren, versprochen – um Fettreserven, sondern sie stammen zur Hälfte aus verlorener Muskelmasse.

Der Energieverbrauch des Stoffwechsels kann nach einer Diät bis zu 50 Prozent niedriger sein als zuvor. Darüber hinaus schaden Diäten dem Körper fast immer. Versuche, die wir am Zentrum für Gesundheit durch Sport und Bewegung der Deutschen Sporthochschule Köln durchgeführt haben, dokumentieren eindrucksvoll Symptome »Verhungernder« noch lange Zeit nach einer Diät.

Auch nach der Diät schnellt der Stoffwechsel nicht wie von selbst wieder nach oben, sondern er bleibt über Monate so niedrig. Kehrt man zurück in den Alltag, ist das mühsam verlorene Gewicht schnell wieder zurück auf den Hüften. Nicht selten wiegen viele dann sogar mehr als zuvor: Der Jo-Jo-Effekt ist eingetreten. Im Anschluss an eine so kalorienarme Diät erleben alle diesen gefürchteten Effekt.

Deshalb empfehle ich: Lassen Sie die Finger von Diäten! Sie versprechen vieles, aber halten können sie nichts. Um erfolgreich und vor allem langfristig und gesund schlank und fit zu werden und dies auch zu bleiben, ist einzig ein »Turbo-Stoffwechsel« erforderlich – nicht mehr, aber auch nicht weniger. Auf diese Weise halten Sie mit einem aktiven Stoffwechsel gegen die Pfunde.

Couch-Potatoes

Zwei amerikanische Forscher fanden heraus, dass regelmäßiges Training sogar eine lebensverändernde Wirkung haben kann. Sie stellten fest, dass rund ein Drittel der Weltbevölkerung »Couch-Potatoes« sind, quasi immer auf ihrem Hintern sitzen bleiben. Dieser inaktive Lebensstil kostet demnach jährlich rund 5 Mio. Menschen das Leben: Herz-Kreislauf-Erkrankungen, Diabetes, Krebs sind z. T. Folgen von zu wenig Bewegung. Frauen sind dabei noch gefährdeter als Männer. Die US-Forscher gehen sogar davon aus, dass Bewegungsmangel ähnlich gesundheitsgefährdend ist wie Fettleibigkeit und Rauchen. Das sind natürlich schon erschreckende Studienergebnisse, doch das Schöne daran ist: Sie haben ganz persönlich einen Einfluss darauf! Denn jeder von uns trägt die Verantwortung für die eigene Gesundheit. Bereits kleine Veränderungen im Alltag werden die ersten Stellschrauben bewegen, die für ein verbessertes Wohlbefinden sorgen.

5000–7500 Schritte/pro Tag:	Dauersitzer
7500–9999 Schritte/pro Tag:	Zündet langsam die Sparflamme
10 000–12 500 Schritte/pro Tag:	Gesundheitssportler
Über 12 500 Schritte/pro Tag:	Sportskanone

Aktiver Stoffwechsel

Dabei spielt die größte Rolle unsere Aktivität! Ein aktiver und gesunder Stoffwechsel erreicht und bewahrt nur sein hohes Umsetzungsvermögen, wenn er regelmäßig in Bewegung ist. Gerade zu Beginn eines aktiven und gesundheitsbewussteren Alltags reichen bereits kleine Dosen – und dabei muss es auch nicht immer Sport sein. Es sind bereits kleine Bewegungs-Portionen – wie beispielsweise, indem Sie die Treppe nehmen statt des Aufzugs oder auch einmal eine Haltestelle vor Ihrem Ziel aussteigen, um den Rest der Strecke zu Fuß zurückzulegen –, mit denen Sie Ihrem Stoffwechsel auf die Sprünge helfen. Bereits mit einem Mehr an Schritten im Alltag lässt sich die empfohlene Tagesdosis der WHO (Weltgesundheitsorganisation) ganz einfach erreichen.

Gerade Wandern ist hierfür ein sehr positives Element, denn dabei sammeln Sie eine Vielzahl an Schritten an, die sich in unterschiedlichsten Effekten – wie bereits vorher beschrieben – profitabel machen. Das folgende Konzept ist somit ideal auf Wanderer und solche, die es werden wollen, ausgerichtet – für alle, die durch eine Extraportion an Bewegung sanft überflüssige Kilos verlieren möchten.

Auch auf leichten Wanderungen lässt sich gigantische Bergkulisse bestaunen.

Dieses Konzept besteht aus verschiedenen Bausteinen:
1. Entwicklung der Leistungsfähigkeit der Organsysteme durch regelmäßiges Training der Ausdauer
2. Optimierung des Fettstoffwechsels durch Tourenwandern
3. Entwicklung der Muskulatur als wichtigsten Verbrennungsmotor unseres Körpers
4. Nutzung der Trainingsstätte »Alltag«, damit auch außerhalb der Tour ausreichende Bewegungsreize gesetzt werden können

Dies bedeutet, dass wir eine Kombination von intensiven Naturerlebnissen auf wunderschönen Touren in den Mittelpunkt stellen, gleichzeitig aber auch Ihnen einen Weg anbieten, der ein aktives Leben sowie optimale Vorbereitung auf die schönen Touren ermöglicht. Und dass dabei auch unliebsame Pfunde purzeln, ist ein wunderbarer Nebeneffekt, wodurch das Wandern noch mehr Freude bereitet.

Die Kombination macht's

Natürlich trägt ein Mehr an Bewegung im Alltag bereits einen ersten wichtigen Teil dazu bei, Ihre körperliche Fitness zu erhöhen, Ihre Muskelmasse aufzubauen und zu stärken sowie Ihren Stoffwechsel zu aktivieren. Insbesondere natürlich mit dem Ziel, überflüssige Kilos loszuwerden, gilt es, die alltägliche Portion Bewegung durch ein ganzheitliches Training zu ergänzen! Die Kombination aus Ausdauertraining und Krafttraining hat nicht etwa nur Auswirkungen auf Ihre physische Leistungsfähigkeit, auch Ihr Geist wird zunehmend fitter, wie Studien gezeigt haben. Und gerade der Kopf spielt für das Gelingen des »Projekts« eines gesünderen, fitteren und leichteren Körpers eine ausschlaggebende Rolle. Ein bedarfs- und bedürfnisorientierter Ernährungsplan ist ebenfalls wichtig.
Gehen Sie ein wenig planerisch ans Werk, und sorgen Sie mit dieser simplen Methode dafür, dass Sie nicht so einfach in alte, »bequeme« Gewohnheiten zurückfallen.
Möchten Sie, dass Bewegung und Sport Einzug in Ihren Alltag halten, dann werfen Sie zuallererst einen Blick auf Ihren Alltag: Wie gestalten und organisieren Sie ihn? Wo sind Ihre Lebensmittelpunkte? Ist es möglich, in der Nähe Ihres Wohnorts oder der Arbeitsstelle aktiv zu werden?
Sich diesen Fragen zu stellen, hilft bereits eine erste Vorauswahl zu treffen. Denn nur wenn sich Ihre Ideen mit den Gewohnheiten und Gegebenheiten Ihres Alltags kombinieren lassen, werden Sie auch »dabei bleiben«. Wird es zu kompliziert und zu aufwendig, rast Ihre Aktivitätsrate gemeinsam mit Ihrer Motivation in den Keller. Es gibt zahlreiche Wege und Möglichkeiten – halten Sie einfach die Augen offen und nutzen Sie diese!
Schlagen Sie den Weg ein, den es braucht bis zum Ziel, hin zu einer gesundheitsbewussten und aktiven Lebensgestaltung. Gehen Sie diesen Weg, doch vergessen Sie dabei Ihre Bedürfnisse nicht. Sport zu treiben heißt nicht nur eine bessere Fitness und einen gesünderen Körper zu haben: Der Körper lernt die Bewegung und den Sport auch als »Anti-Stress-Medikament« zu nutzen. Die regelmäßigen bewegten Auszeiten sorgen dafür, dass sich der

Blutdruck senkt und außerdem sowohl während der Aktivität als auch in den Ruhephasen, der Hormonhaushalt die Glückshormone quasi frei Haus liefert.

Die viel beschriebene »Work-Life-Balance« liefert uns das richtige Stichwort. Denn wenn Sie in Ihrem Leben neben dem Beruf ausgeglichen, zufrieden und ausgefüllt sind, haben Sie die Leistungsstärke, die uns heute oftmals im beruflichen Alltag abverlangt wird. Der Sport übernimmt hier eine wichtige Rolle, die Sie während des Programms Schritt für Schritt zu schätzen lernen werden. Sie infizieren sich mit dem »Bewegungsvirus«. Als Kind haben wir ihn alle, doch gerade in der heutigen Zeit wird er im Keim erstickt. Denn die meisten Berufe, denen wir heute nachgehen, hängen mit hohen Sitzzeiten zusammen – die es immer wieder zu unterbrechen gilt.

Glücksgefühle unter freiem Himmel

Wandern löst Glücksgefühle aus, die manchmal sogar beflügeln!

Dazu gehört, dass uns der Sport, aber auch die Bewegung an der frischen Luft viele weitere Pluspunkte bringen. Eine wichtige Komponente ist dabei das Abschalten. Unter freiem Himmel, im Park oder auch im Stadtwald eine Feierabendrunde zu drehen, ermöglicht es, den Arbeitsstress, den drohenden Abgabetermin eines Projekts oder auch die Auseinandersetzung mit dem Chef oder dem Kollegen zumindest kurzfristig zu vergessen!

Wir hören, riechen und sehen – biologische Reize werden draußen viel intensiver erfahren, und dabei geschieht etwas mit dem menschlichen Körper. Eventuell laufe ich glücklicher durch die Gegend, wenn ich mehr Helligkeit um mich habe und von Vogelzwitschern begleitet werde. Außerdem wird durch Ausdauersport wie Joggen, Nordic Walking, Walking, Fahrradfahren und auch Wandern die meditative Komponente des Sports unterstützt.

Diese intensive Sinneswahrnehmung fehlt in einem klimatisierten Studio. Eine Studie der britischen Universität Exeter zog elf Studien und Untersuchungen heran und analysierte diese. Mit dem Ergebnis, dass z. B. Joggen und Walken in der Natur eine positivere Wirkung auf den Menschen haben als das Training auf dem Laufband. Der Grund dafür liegt u. a. darin, dass beim Outdoorsport alle Sinne intensiver angesprochen und stimuliert werden.

Es ist die Kombination aus Ausdauersport, wie beispielsweise Wandern, Walking oder Nordic Walking und frischer Luft und Tageslicht, die wahre Wunder bewirkt. Wer mindestens dreimal pro Woche jeweils rund 45 Minuten Ausdauersport wie Jogging, Radfahren, Wandern oder Nordic Walking betreibt, der stärkt aktiv sein Immunsystem. Insbesondere das Tageslicht ist ein toller Wirkstoff gegen den sogenannten »Winter-Blues«. Oftmals ist der Lichtmangel in der dunklen Jahreszeit verantwortlich für ein Stimmungstief. Jedoch kann man vorsorgen: Bei entsprechender Bewegung draußen nehmen Aktive ganz automatisch mehr Tageslicht auf. Und diese Tageslicht-Dosis hat einen positiven Einfluss auf unseren Hormonhaushalt und damit auch auf unser Gefühlsleben.

Unser Körper braucht Tageslicht wie auch die Nährstoffe, die wir durch die Nahrung aufnehmen. Viele von uns arbeiten hauptsächlich drinnen – das erfordert einen Ausgleich! Deshalb holen Sie sich Ihre Extraportion Tageslicht und Sauerstoff am besten draußen beim Sport.

Ein weiterer Vorteil: die Witterung, der wir uns beim Outdoorsport stellen. Temperaturunterschiede und Wind auf der Haut regen das Immunsystem an!

Im Herbst ist es besonders schön zu wandern.

Soziale Komponente

Denkt man an die Gestaltung seiner Freizeit bei einer solchen Lebensumstellung, so darf die soziale Komponente auf keinen Fall fehlen! Zeit mit Freunden zu verbringen, ist in einem sehr arbeitsintensiven Alltag eine wertvolle Insel, auf die man regelmäßig fliehen sollte.

Das Wandern erfüllt also gleich mehrere wichtige Punkte und eignet sich deshalb ganz hervorragend dazu, langfristig gesund und fit zu werden und zu bleiben. Es ist ein Naturerlebnis für alle Sinne – ob mit dem besten Freund, der Familie, der PartnerIn oder einer ganzen Clique. Und ganz nebenbei freut sich auch Ihr Körper über die Extraportion Gesundheit und Fitness!

Dabei begeben wir uns aber nicht aufs Glatteis. Sie sollen nicht von heute auf morgen zum Gipfelstürmer werden, aber das Ziel ist es, Sie Schritt für Schritt dabei zu begleiten, mehr Bewegung, mehr Wohlbefinden und somit mehr Lebensqualität in Ihr Leben zu bringen. Wie das genau geht und welche Vorteile das Wandern noch für Sie bereithält, lesen Sie auf den folgenden Seiten.

Entspanntes Wandern ist effektiver für die Gesundheit, als sich beim Joggen völlig zu verausgaben.

Wandern: Der ideale Sport

Warum ist Wandern der ideale Sport, um langfristig abzunehmen und sein Wunschgewicht zu erreichen?

Jeder gute Hausarzt empfiehlt es seinen Patienten, jede Reha-Klinik hat es im Programm – und Gründe dafür gibt es genug. Längst haben Wissenschaftler herausgefunden, dass lange, ausdauernde Wanderungen für die Gesundheit effektiver sind als völlig außer Puste durch den nahe gelegenen Stadtwald zu joggen. Diese Erkenntnis hatte man bereits in den 1960er-Jahren: Die »Postbotenstudie« belegte, dass Schalterbeamte der Post im Vergleich zu Postboten bei zu Berufsbeginn gleichem Gesundheitszustand in ihrem Leben dreimal so viele tödliche Herzinfarkte erlitten. Und Postboten, die zum Schalterbeamten aufstiegen, verloren ihren Infarktschutz innerhalb weniger Jahre.

Diese Studie zeigt, dass nur wer regelmäßig und dauerhaft aktiv und in Bewegung bleibt, ausreichend und lang anhaltend für seine Gesundheit wirtschaftet und genügend Schritte auf dem Gesundheitskonto sammelt. Dabei brauchen Sie nicht zu warten, bis Sie den ersten Wanderurlaub planen können. Unser Programm macht Sie fit, ausgeglichen und ganz nebenbei auch startklar für größere Touren! Es zielt darauf ab, Sie von dem Mehr an Bewegung im Alltag und von regelmäßigem und moderatem Sport zu überzeugen und Ihnen so (noch) mehr Lebensqualität zu schenken.

Regelmäßig aktiv sein

Wie jede Ausdauersportart kräftigt auch das Wandern das Herz-Kreislauf-System, stärkt das Immunsystem und regt den Stoffwechsel an. Doch anders als bei anderen Sportarten geht es nicht um eine hohe Trainingsfrequenz, um Sporteln bis zum Umfallen, sondern um niederschwelliges Training im aeroben Bereich. Das heißt, Ihr Körper wird auch während des Trainings mit derselben Menge an Sauerstoff versorgt, wie er sie auch verbraucht. »Laufen ohne zu schnaufen« heißt das Ziel!

Ein weiterer Vorteil, der das sportliche Wandern mit sich bringt: Es braucht nicht viel Aufwand und kein teures Equipment. Ein Paar feste und bequeme Wanderschuhe sowie bequeme und wetterfeste Kleidung reichen bereits aus. Wer es richtig macht, der kann auch in seiner unmittelbaren Umgebung auf Schusters Rappen Erholung und Bewegung finden.

Wichtig ist, wie bei jedem anderen Sport auch: Dabeibleiben ist alles! Nur wer regelmäßig aktiv ist und sich die Zeit nimmt, profitiert langfristig davon. Bereits ab zwei Einheiten pro Woche à 30 bis 45 Minuten spüren Sie die ersten Effekte und bekommen Lust auf mehr – probieren Sie es aus!

Leider beherzigen das aber viele Wanderfreunde nicht. Nach einer Studie des Wanderverbands wandern fast 40 Millionen Bundesbürger verschiedenster Altersgruppen. Das heißt, jeder Zweite ab 16 Jahre wandert – doch nur Wanderer über 60 Jahre sind mehrmals im Monat unterwegs.

Da lange und häufige Wanderungen zeitlich und auch organisatorisch heutzutage nur selten in einen arbeitsreichen und durchgeplanten Alltag passen, braucht es Alternativen. Empfehlenswert ist es deshalb, die »domestizierte« Variante zum Wandern als ideale Ergänzung in den Trainingsplan zu integrieren: das Walking! Das forcierte Gehen, wie es Klaus Völker, Leiter des Sportmedizinischen Instituts der Universität Münster, beschreibt, ist in geringer, aber regelmäßiger Dosis ideal. Richtig ausgeführt, ist beim Walking kein Schlenderschritt erlaubt, aber auch hier gilt: »Laufen ohne zu schnaufen!«

Gut trainiert ist halb gewonnen

Wichtig ist die Bewegung als solche, und dafür muss niemand bis zum nächsten Urlaub warten! Aber auch wer einen solchen Urlaub plant und nicht immer nur Einzeletappen am Wochenende zurücklegen möchte, sollte sich gut vorbereiten. Denn nur gut trainiert kann der Organismus neue Herausforderungen erfolgreich meistern. Anfänger sollten die Touren vom Umfang her vorsichtig planen und erst einmal kürzere Wanderrouten zurücklegen, um dem Organismus den Einstieg zu erleichtern. Auch sollten Wetterbedingungen und die Höhe beachtet werden, damit keine Überlastungsschäden (Muskelkater gehört nicht dazu) oder unüberwindbare Hindernisse auftauchen. Fortgeschrittene und Könner dürfen und sollten aber durchaus die Vorteile, die einige Höhenmeter mit sich bringen, genießen. Nicht nur die Aussicht ist oftmals ein wahres Erlebnis, an das man noch gern in stressigen Phasen innerhalb der Arbeitswoche zurückdenkt, auch unsere Abwehrkräfte freuen sich darüber. Denn durch die Höhe und den dadurch sinkenden Luftdruck werden Immunsystem und die Sauerstoffbindung im Blut angeregt. Die »dünne Luft« fördert so die Atmung und die Lungenarbeit.

Doch nicht nur unsere Gesundheit und unsere Vitalität profitieren von einem Trainingsprogramm, zu dem Wandern als regelmäßiger Bestandteil zählt. Neben der sportlichen Seite des moderaten Ausdauersports birgt gerade der Faktor »Natur« einen unglaublichen Multiplikator für die persönliche Erholung und dient als Stimmungsmacher. Bei Umfragen unter Wanderern, die nach den Motiven für ihr Tun gefragt wurden, war die Antwort Nummer eins: »Natur genießen«. Und die Gründe dafür sind so komplex wie simpel: Der Kontakt zur Natur bringt uns in Gang, entspannt uns und macht uns subjektiv glücklicher, wie eine Reihe psychologischer Tests es belegt.

Wandern und dabei abnehmen

Die Frage, ob körperliche Aktivität nachhaltig dem gesunden und vernünftigen Abnehmen ohne den gefürchteten Jo-Jo-Effekt dient, ist insbesondere auf die Intensität der Beanspruchung zurückzuführen. Jahrzehntelang haben Forscher angenommen, dass gerade intensive Aktivitäten für die Gesundheit das beste Mittel seien. Dies hat sich in den letzten Jahren komplett umgekehrt, weil wir die physiologischen Prozesse des menschlichen Körpers immer besser verstehen lernen. Dies hängt u. a. auch mit den sich verändernden Umweltbedingungen zusammen. Heute verbrennen wir im Alltag fast nur noch Zucker (also Kohlenhydrate), und Fette bleiben oftmals unberührt, da wir nicht gefordert sind und keine längeren und vor allem fettstoffwechselanregenden Aktivitäten ausführen.

Wandern ist nun jene Form der körperlichen Aktivität, die exakt zu unseren evolutionären und genetisch determinierten Rahmenbedingungen passt. Unsere Vorfahren haben sich fast täglich 20 bis 30 Kilometer zu Fuß fortbewegt und dabei bis zu 4000 Kilokalorien verbrannt. Wandern ist nun die physiologische Rückbesinnung auf unsere genetische Determination. Ein natürliches Bewegen in der Natur, eine lang andauernde Beanspruchung des Herz-Kreislauf-Systems, die energetische Rekrutierung aller Energiequellen des Körpers sowie stressfreie und hormonelle Ausgeglichenheit charakterisieren das Wandern. Gerade die Aktivierung und die Wiedererlangung der Fähigkeit des Stoffwechsels, die Fette anzugreifen, ist eine wichtige Basis, die durch das Wandern erst möglich gemacht wird.

Bei allen Aktivitäten, die eine längere Zeit muskuläre und energetische Anstrengung fordern, ist der Fettstoffwechsel die wichtigste Energiequelle! Denn im Gegensatz zu unseren kurzzeitigen Bewegungen im Alltag werden beim Wandern die meisten Energien aus den Fettdepots gezogen.

Grundvoraussetzung ist dafür, dass wir dem Körper immer ausreichend Sauerstoff zur Verfügung stellen. Denn damit Fett verbrannt werden kann, ist Sauerstoff zwingend notwendig. Das heißt, dass die beste Voraussetzung für eine effektive Fettverbrennung eine moderate Belastung, wie z. B. das Wandern, ist. Dadurch erfährt der Körper eine deutliche Verbesserung seiner biochemischen Arbeit, eine Optimierung der Verarbeitung in den Kraftwerken der Zellen, den sogenannten Mitochondrien, sowie eine Erhöhung der Anzahl der Brennöfen, was dem Organismus insgesamt mehr Verbrennungsleistung beschert.

Wandern braucht Ergänzung

Unsere Vorfahren haben täglich bis zu 30 Kilometer zurückgelegt – das Wandern ist uns quasi in die Wiege gelegt.

Aktiv sein, aber richtig

Damit Knochen, Herz und Organe richtig funktionieren, braucht der menschliche Körper Bewegung. Diese regelmäßig dosiert, bringt den Organismus auf Touren: Stoffwechsel und Fettverbrennung fühlen sich so angesprochen und reagieren. Wer also etwas für seine Gesundheit tun möchte und vielleicht beabsichtigt, sein Gewicht zu reduzieren, der kommt um Bewegung nicht herum. Nur mithilfe von Bewegung und regelmäßigem Sport wird aus der Sparflamme ein richtiger Turbo-Stoffwechsel!

Doch was beim Sport wichtig ist, damit es mit dem Projekt »Fit und gesund« auch klappt, das wissen viele nur vage.

Jeder weiß, dass das Training hilft, sich von ungeliebten Pfunden zu trennen. Doch kursieren rund um die Gewichtsreduktion unzählige Mythen. Die vermeintlichen Erkenntnisse, bei denen zufolge die Fettverbrennung des menschlichen Organismus während des Sports erst nach 30 Minuten einsetzt, ist längstens widerlegt. Vergessen Sie diesen Mythos!

Konzentriert man sich auf das Wesentliche, hat der Körper vier unterschiedliche Energiebereitstellungssysteme. Im Alltag und beim Sport sind hauptsächlich Zucker- und Fettstoffwechsel involviert. Die beiden Systeme laufen weitestgehend parallel, doch je nach Bedarf verschiebt sich der Anteil der

Energiebereitstellung. Aufgrund seines riesigen Reservoirs stellt der Fettstoffwechsel unser größtes Depot dar. Bei einem 70 Kilogramm schweren Mann addieren sich so rund 180 000 Kilokalorien als Depot.

Den Fetten an den Kragen gehen

Der Fettstoffwechsel ist nahezu immer aktiv, auch während des Trainings. Wissenschaftlichen Studien zufolge ist er bei Untrainierten deutlich weniger effektiv als bei Trainierten. Selbst zu Beginn von körperlicher Arbeit ist der Fettstoffwechsel in Aktion und trägt dafür Sorge, dass dem Organismus während des Sports ausreichend Energie zur Verfügung steht. Anders ist es bei Untrainierten: Bei ihnen dominiert der Zuckerstoffwechsel. Somit verbrennen sie in der Anfangsphase mehr Zucker als Fette.

Als wichtigste Energiequelle sollte deshalb der Fettstoffwechsel im Alltag, aber auch beim Sport regelmäßig aktiviert werden. Damit das auch klappt, benötigt unsere Muskulatur Sauerstoff. Nur so kann sie Fette verbrennen. Ein kleiner Selbsttest genügt, um herauszufinden, ob Sie Ihr ideales Tempo beim Walken, Joggen oder Wandern gefunden haben. »Laufen ohne zu schnaufen« heißt der Schlüssel! Wer also ohne aus der Puste zu kommen seine Feierabendrunde meistert, geht den Fetten an den Kragen. 120 Millionen Fettzellen können sich zwar wehren, doch gegen einen funktionierenden Stoffwechsel haben sie keine Chance!

Um mithilfe des Programms dauerhaft Gewicht zu verlieren, ist es wichtig, nicht gleich alles auf einmal zu wollen. Dies haben Diäten unserer Zeit leider so an sich. Sie versprechen zu schnell zu viel. So gehört zu einem gesunden Stoffwechsel-Tuning neben Motivation und Durchhaltevermögen auch entsprechende Geduld.

Planen Sie eine Lebensumstellung, dann nehmen Sie sich Zeit dafür und geben Sie diese auch Ihrem Körper. Nur so ist es möglich, auch wirklich nachhaltig die Pfunde purzeln zu lassen und sich ein für alle Mal von ihnen zu verabschieden. Nur wenn Sie Ihre Aktivität steigern, sich bewegen und Ihre schlummernden Muskeln aktivieren und kräftigen, erhöhen Sie Ihren Grundumsatz.

Für ein gezieltes und effektives Fitnessprogramm ist dabei keine Anmeldung in einem Fitnessstudio nötig. Es reichen bereits ein Theraband, ein Paar kleine Hanteln und ein Gymnastikball aus, um zu Hause die idealen Trainingsbedingungen zu schaffen.

Wegekreuz am Maria Hellwig Weg bei Reit im Winkl

Muskeln – sie heizen dem Stoffwechsel ein

Ohne gezielten Muskelaufbau ist gesundes, nachhaltiges Abnehmen kaum möglich. Dennoch sorgt eine gestärkte Muskulatur nicht selten für Schrecksekunden auf der Waage. Denn Muskelgewebe ist rund 12 bis 13 Prozent schwerer als Fett.

In einem gesunden Körper macht unsere Muskulatur einen Anteil von rund 40 Prozent aus. Bei Übergewicht verdrängt das Fett die inaktive Muskulatur zunehmend, und die Anteile verschieben sich. Die Muskulatur ist deshalb entscheidend dafür, dass wir Gewicht in Form von Fettpölsterchen abbauen und unseren Stoffwechsel aktivieren können.

Bei allem was wir tun, aber auch bei allem, was wir nicht tun, verbrennt unser Körper Energie in Form von Fett und Glukose. Je stärker unsere Muskulatur und unser Muskelanteil im Gesamtverhältnis sind, desto leistungsfähiger und aktiver ist unser Stoffwechsel. Wenn Sie schon immer einmal wissen wollten, warum gut Trainierte auch dann nicht zunehmen, wenn sie einmal über die Stränge geschlagen haben, dann sollten Sie Folgendes wissen: Eine fitte Muskulatur ist die Grundvoraussetzung für einen effektiven Stoffwechsel! Dieser verbrennt auch Kalorien, wenn Sie sich vom Wandern auf der Couch erholen.

Muskelfett zielt hauptsächlich auf das hartnäckige Depotfett. Zu finden ist das an Taille, Hüften, Po und Oberschenkeln. Damit diese »Rettungsringe« den Muskeln weichen, ist es wichtig, zum einen die Kraftausdauer zu verbessern und zum anderen die Muskelmasse zu erhöhen. Doch der Reihe nach.

Die Kraftausdauer

Sie ist verantwortlich für lang andauernde, langsame Bewegungen. Die Muskulatur, die hierfür benötigt wird (aufgebaut aus Slow-Twitch-Fasern), kontrahiert sich langsam und ist auf Dauerleistung ausgelegt. Um sie gezielt zu trainieren, benötigen Sie deshalb eine relativ niedrige Belastung, dafür aber viele Wiederholungen.

Für Einsteiger ist es von großer Bedeutung, sich zunächst auf die großen Muskelgruppen zu konzentrieren, also insbesondere auf Beine und Rumpf. Dadurch kann mehr Energie verbrannt werden, weil die Muskelzellen besser versorgt werden, mehr Sauerstoff zur Fettverbrennung zur Verfügung steht und Ihre Kraftwerke intensiver arbeiten. Bereits nach kurzer Zeit werden Sie merken, dass Sie widerstandsfähiger gegen Ermüdung werden!

Auch das Zusammenspiel von Muskeln, wie beispielsweise in Bauch und Rücken, wird schrittweise verbessert – Ihr gesamter Bewegungsablauf wird spürbar zunehmend ökonomischer.

Die Muskelmasse

Die großen Muskelfasern brauchen Sie, um für höhere Belastungen im Alltag, in der Freizeit und beim Sport gerüstet zu sein. Im Gegensatz zu den Slow-Twitch-Fasern kontrahieren sie sich schnell und verbrauchen mehr Energie. Ziel ist es, mehr Muskelmasse aufzubauen; dies erreicht man mit

> **Training**
>
> Abwechslung in Form von Geländewechseln wie etwa Treppenlaufen macht nicht nur Spaß, sondern bietet auch Ihrem Herz-Kreislauf-System und Ihrer Muskulatur neue Trainingsimpulse.

wenigen Wiederholungen bei einer höheren Belastung – genannt wird diese Form Hypertrophie-Training.

Lassen Sie Ihre Muskeln »brennen«! Dadurch entstehen zwar zunächst kleine Mikrorisse in den Muskelfasern, doch der Körper regeneriert und repariert sich wieder und wächst dabei, um den Muskel für künftige höhere Belastungen auszurüsten. Im Muskel werden Proteine eingelagert, und er wächst dadurch von innen heraus.

Die perfekte Ergänzung: Ausdauertraining

Zunächst zum Verständnis: Die Summe aus Beweglichkeit, Kraft, Ausdauer, Schnelligkeit und Koordination ergibt die konditionellen Voraussetzungen und Eigenschaften einer Person! Die Ausdauer ist somit nur ein Teilaspekt der allgemeinen Kondition.

Eine gute Grundlagenausdauer ist die Basis für jedwede Leistungsfähigkeit. Sie ist somit auch die Grundlage für unsere Alltagsaktivitäten und natürlich für den Sport, den wir treiben, im Speziellen. Ohne Ausdauer gelangt der Körper schnell an seine physischen Leistungsgrenzen – man ist zu schnell erschöpft und kann keine höhere Leistung über eine längere Zeit erbringen. Vor allem auf die Gesundheit wirkt sich eine solide Ausdauer überaus positiv aus. Die allgemeine Ausdauer ist für unseren Organismus deshalb so relevant, weil dadurch die Herzarbeit ökonomisiert, der Blutdruck ausgeglichen, Fette und Zucker besser verbrannt werden, das Immunsystem stimuliert wird und somit einer Vielzahl an Krankheitsbildern präventiv entgegengewirkt werden kann.

Unser Körper ist ein Sparfuchs, denn er hortet Reserven und nutzt seine Energie ideal. Deshalb greift er in erster Linie bei länger andauernden, aber weniger anstrengenden Belastungen seine Fettreserven an. Im Vergleich zu Inaktiven lagern sich bei Sportlern die (überschüssigen) Fettsäuren immer sofort in der Nähe der Mitochondrien ab. Längere Transportwege fallen deshalb weg, und der Körper erhält die Energie, die er benötigt, sofort. Bei Aktiven kommen die Fette also gar nicht bis ins Depot an Bauch, Po oder Hüften, sondern sie stehen als Kraftstoff sofort bereit. Deshalb nimmt das Ausdauertraining auf dem Weg zum Wunschgewicht eine wichtige Rolle ein.

Was der Körper also im Rahmen unseres Programms lernen soll, ist, viel mehr Energie aus den Fettreservoires zu nutzen. Die Anzahl und die Funktionalität der Zellkraftwerke werden durch das Ausdauertraining optimal vergrößert und ökonomisiert. Das können Sie innerhalb der Woche ideal mit Walking- oder Nordic-Walking-Einheiten und am Wochenende mit einer wundervollen Wandertour perfekt unterstützen.

Jeder Schritt zählt

Zu einem Leben in Bewegung gehören allerdings neben einem ausgewogenen Trainingsplan auch Erholungsphasen im aktiven Alltag. Folgt man den Empfehlungen der Weltgesundheitsorganisation, so sind 30 Minuten Bewegung an fünf Tagen in der Woche ratsam. Erfüllen Sie Ihrem Körper diesen Wunsch, indem Sie geschickt Bewegung in Ihren Alltag intergieren, und stei-

---

Stoffwechsel

Ein erholsamer Schlaf ist die Basis für einen gut funktionierenden Stoffwechsel. Holen Sie sich so viel ungestörten Schlaf, dass Sie auch ohne Wecker rechtzeitig wach werden!

gern Sie diese, wenn Sie auch schnellen Schrittes noch in der Lage sind, sich zu unterhalten (Stichwort: »Laufen ohne schnaufen«). Steigen Sie beispielsweise einfach eine oder zwei Haltestellen vor Ihrem Ziel aus – am Morgen vor der Arbeit sorgt dies für einen frischen Start in den Tag, und auch das Gehirn freut sich über die morgendliche Dosis an Bewegung. Werfen Sie also einen genaueren Blick auf Ihren Alltag: den Weg zur Arbeit, den Arbeitsplatz, den Heimweg und die Haushaltsarbeit – es gibt zahlreiche Möglichkeiten, durch Bewegung im Alltag die eigene Schrittzahl zu steigern.

Rituale machen dem Alltag Beine

Die beste Möglichkeit, um einen Alltag dauerhaft aktiv zu gestalten, sind Rituale. Notieren Sie Ihre Ideen, und halten Sie diese so einfach wie möglich, damit sie sich spielend wie das Zähneputzen in Ihren Alltag einfügen und zur Gewohnheit werden.

– Wippen Sie beim Zähneputzen locker auf den Zehenspitzen, ohne die Füße ganz auf dem Boden abzusetzen. Das macht wach und trainiert das Gleichgewicht und die Wadenmuskulatur.
– Telefonieren Sie im Stehen, und heben Sie Ihr Bein seitlich um 45 Grad an – das ist wieder eine Übung für Ihren Gleichgewichtssinn und trainiert Bein und Po gleich mit.
– Gehen Sie beim Haareföhnen einige Male in die »Abfahrtshocke« – das trainiert Po- und Oberschenkelmuskulatur.

So ein simples und einfaches Aktivprogramm unterstützt Ihren Körper dabei, den neuen Turbo-Stoffwechsel auf Touren zu halten, und erinnert ihn daran, dass er sich die Energie aus den Fettdepots holt!
Vielleicht motivieren Sie Ihre Fortschritte – dann notieren Sie diese, und steigern Sie sich langsam.

Gute Beschilderung sorgt im Zugspitz-Gebiet dafür, dass Sie nicht die Orientierung verlieren.

So senkt der Sport unser Krankheitsrisiko

	Ausdaueraktivität	Kombination aus Ausdauer und Krafttraining	Krafttraining mit Geräten und ohne
Asthma	minus 38 %	minus 32 %	minus 29 %
Bluthochdruck	minus 30 %	minus 16 %	minus 40 %
Chronische Bronchitis	minus 52 %	kein Unterschied	minus 6 %
Typ 2-Diabetes	minus 69 %	minus 44 %	kein Unterschied
Herzinsuffizienz	minus 55 %	minus 49 %	minus 18 %
Koronare Herzerkrankungen	minus 67 %	minus 36 %	minus 33 %
Zahl der Krankenhaustage	minus 29 %	minus 15 %	minus 5 %

Für gute Vorsätze ist es nie zu spät.

Die richtige Ernährung

Was passiert in meinem Körper?

Der Schlüssel zum Erfolg, nämlich den Fettpolstern erfolgreich an den Kragen zu gehen und unliebsame Pfunde dauerhaft zu verlieren, ist eine gesunde Balance aus Bewegung und ausgewogener Ernährung. Denn wie bereits eingangs erwähnt, ist es oftmals durchgemachten Hungerkuren zu »verdanken«, dass die Pfunde mit der Zeit immer mehr statt weniger geworden sind. Es hilft also nichts, den eigenen Körper mit weniger Energie zu versorgen, als er Bedarf hat – ganz im Gegenteil!

Jede unserer Zellen braucht Energie für Hunderte von chemischen Prozessen, die ständig ablaufen und sich wiederholen. Die Energie, die es den Körper kostet, um diese Abläufe aufrechtzuerhalten, führen wir dem Körper über unsere Ernährung zu. So steht ihm an Nährstoffen stets das zur Verfügung, was er benötigt. Die Menge an Energie, die unser Körper in Form von Kalorien benötigt, damit er auch in Ruhephasen all diese Funktionen aufrechterhalten kann, bezeichnet man als Grundumsatz. Er ist individuell wie ein Fingerabdruck und abhängig davon, wie trainiert wir sind.

Der sogenannte Leistungsumsatz wird zusätzlich verbraucht, wenn wir sportlich aktiv sind oder wandern gehen. Er macht immer etwa 20 bis 30 Prozent unseres Gesamtenergiebedarfs aus. Je mehr wir uns also bewegen, umso höher ist er. Bewegt man sich im Alltag wenig, so ist der Umsatz niedrig und deutlich unter dem Soll. Sportler und Schwerstarbeiter, also Menschen, die sich regelmäßig und viel bewegen, verbrennen dagegen sogar noch, wenn sie sich bereits auf der Couch erholen, denn der Stoffwechselmotor läuft bei ihnen viel hochtouriger.

Parallel zu unserem Aktivitäts- und Wanderprogramm muss uns daher ein abgerundetes und alltagstaugliches Ernährungskonzept dabei begleiten, neben der Freude an der Natur und dem Wandern auch die Zugaben Gesundheit und Abnehmen gleich mit zu erhalten. Dabei zielt unser Ernährungsprogramm nicht nur darauf ab, (fatale) Ernährungsgewohnheiten aufzubrechen, sondern zeigt auch Tipps und Tricks auf, die das Stoffwechsel-Tuning unterstützen und somit zum schlank machenden Genuss ohne Reue verführen.

Es geht nicht darum, viele Kalorien zu sparen wie bei den meisten Diäten, denn: Wer abnehmen will, darf nicht hungern! Das ist ebenso »verboten«, wie die Verbote selbst! Denn die bewirken nur, dass man sich von allen Genüssen unwiderstehlich angezogen fühlt und eine Umstellung zur reinen Tortur wird.

Denn es sind nicht Pralinen, Sahneeis oder Currywurst an sich, die den Genuss in einem schlechten Gewissen münden lassen. Auch hier macht die Dosis das Gift! Erlauben Sie sich ruhig regelmäßig Dinge, die Sie wirklich gern essen oder tun – auch wenn diese auf der »Gesundheitsskala« ziemlich weit unten stehen. Aber achten Sie darauf, dass es etwas Besonderes bleibt. Erlauben Sie sich solche geballten Kalorienladungen nur selten statt ständig und jeden Tag. So werden diese Ausnahmen zu Genussmomenten und zu etwas Besonderem. Sie werden sehen, wie intensiv so ein Stück Schokolade nach einer Weile wieder schmeckt!

Und darüber hinaus sorgen solche süßen Ausnahmen dafür, dass Sie auch bei kleinen und großen »Versuchungen« standhaft bleiben! Und vor allem gerät der Körper eben nicht in eine Hungersnot, die langfristig in einem Jo-Jo-Effekt endet. Man muss eben deswegen so viel essen, wie unsere Organe (besonders das Gehirn) benötigen und was dem Grundumsatz entspricht. Also: Essen, um abnehmen zu können!

Liefern Sie genügend Energie

Ein funktionierender Stoffwechsel hängt nicht nur am Tropf der Bewegung, sondern Sie nehmen auch mit Ihrer Ernährung einen wesentlichen Einfluss auf ihn. Und dabei kommt es zunächst viel weniger darauf an, was Sie essen, sondern wie viel Sie essen. Mit Ihrer Ernährung liefern Sie Ihrem Organismus den Treibstoff, den er benötigt. Was Sie zu sich nehmen, liefert also die Grundlage, mit der Ihr Körper rechnet.

Dabei lässt er die Vorräte und Speicherfette an Hüften, Po und Beinen außen vor. Für ihn zählt lediglich die aktuelle Energiezufuhr. Es spielt also keine Rolle, ob ausreichende Reserven vorhanden sind – erfährt er eine Unterversorgung, reagiert er innerhalb weniger Tage mit einer Sparmaßnahme, und die Stoffwechselaktivität wird heruntergefahren. Umgekehrt ist es dagegen ein langwieriger Prozess, die Stoffwechselflamme zu »tunen«!

Daraus resultiert die wohl wichtigste Regel für einen funktionierenden Stoffwechsel: nämlich, dass der Organismus ziemlich gleichmäßig und auf jeden Fall rechtzeitig mit Energie und Nährstoffen versorgt werden muss.

Essen Sie im Biorhythmus

Passen Sie Ihre Ernährung dem Biorhythmus des Körpers an, denn der Bedarf des Organismus variiert in Abhängigkeit von Tages- und Belastungszeiten. Gerade wenn Sie abnehmen wollen und dabei körperlich aktiv sind, ist eine biorhythmische Ernährung zwingend notwendig. Nur eine abgestimmte Balance und Harmonie von Energiemenge und der Qualität der Zufuhr bringt den gewünschten Erfolg.

Frühstück

Das Frühstück liefert die notwendige Energie für den Start in den Tag oder für die anstehende Wanderung. Sollten Sie normalerweise nicht frühstücken, dann versuchen Sie, sich langsam wieder daran zu gewöhnen. Dabei ist es nicht notwendig, sofort nach dem Aufstehen und Duschen zu essen. Es reicht aus, wenn Sie es innerhalb der ersten zwei Stunden nach dem Erwachen schaffen – z. B. dann, wenn Sie am Arbeitsplatz angekommen sind, oder wenn Sie die ersten Arbeiten des Tages erledigt haben. Bis mittags sollten Sie mit dem Essen aber auf keinen Fall warten, denn ansonsten gerät der Organismus in eine »Energienot«, die er Ihnen nicht verzeiht und auf die er mit einem langfristig »geschwächten« Stoffwechsel reagiert.

Morgens können Sie es sich so richtig gut gehen lassen. Vor allem ein kohlenhydratreiches Frühstück liefert die Tagesenergie. Ideal sind hierzu neben vollwertigem Brot oder Brötchen ein variantenreiches Müsli. Auf Ihr Brot mit Marmelade oder Honig brauchen Sie auch nicht zu verzichten. Einschränken sollten Sie sich jedoch bei (fetthaltigen) Wurst- und Käseprodukten. Ganz auf Fett am Morgen zu verzichten ist sicher falsch, jedoch sollten Sie magere Wurst- und Käseprodukte auswählen, um das Energielimit nicht schon am Morgen zu übersteigen. Milchprodukte wie Joghurt, Quark und manchmal auch ein Ei gewährleisten bereits morgens eine Zufuhr an Proteinen, die ganz besonders wichtige Baustoffe sind und dem Wanderer helfen, selbst intensive Anstiege zu schaffen. Ansonsten stehen Ihnen gerade für das Frühstück viele Möglichkeiten offen, sodass Sie lustvoll und genussreich den Tag beginnen können. Achten Sie nur darauf, dass die Fette nicht überhandnehmen.

Mit dem richtigen Frühstück gelingt der perfekte Start in den Tag.

Mittagessen

Mittags ist die Zeit der Muße und Pause. Der Organismus hat nun schon einige Stunden an Belastung hinter sich und braucht jetzt dringend eine »Nachlieferung« von Nähr- und Vitalstoffen. Genau deswegen sollte das mittägliche Essen »bunt« und variantenreich sein.

Halten Sie es wie die Südländer, und essen Sie Gemüse, Salat und eine kleine Portion Nudeln oder Reis, um auch die Energiedepots neu aufzuladen. Achten Sie darauf, dass es leichte Nahrung ist, denn ansonsten werden die anschließenden Stunden zur Qual. Und essen Sie sich nur etwas satt. Auf keinen Fall sollten Sie so lange essen, bis nichts mehr geht!

Lecker! Je bunter die Zutaten, desto besser...

Was tun bei Heißhunger?

Ein niedriger Blutzuckerspiegel kann der Auslöser für Heißhunger sein. Viel häufiger ist allerdings das zu stark kontrollierte Essverhalten. Wenn die selbst auferlegten Regeln z. B. plötzlich mit einem spontanen Griff zur Schokolade durchbrochen werden, ist die innere Kontrolle dahin und schnell die ganze Tafel verputzt. Gegen plötzliche Heißhunger-Attacken helfen:
– Gurgeln mit Mundwasser
– Zähneputzen
– Ein großes Glas Wasser trinken – nach 20 Min. ist der »Anfall« meist vorbei
– Sich ablenken, beispielsweise durch Telefonieren oder Spaziergänge
– Wenn es sein muss, rechtzeitig vorbeugen mit einem Stück Gemüse, etwa einer knackigen Möhre oder einer grünen Paprika
– Versuchungen verhindern, etwa das Eis aus dem Gefrierfach verbannen, die Schokokekse aus der Schreibtischschublade ...

Achten Sie auf das richtige Maß, und verzichten Sie gerade auch mittags auf den Alkohol, denn dieser verlangsamt die Verdauung und erschwert dem Körper die rasche Bereitstellung der Vital- und Nährstoffe.
Nehmen Sie sich Zeit für das mittägliche Essen, denn nur dann wird der Körper auch gesättigt.

Abendessen

Abends nach einem anstrengenden Tag oder auch nach einer Wanderung benötigt der Körper zur Regeneration viel Eiweiß, den wichtigsten Baustoff unseres Körpers. Eiweiß besteht aus Proteinen, die allen Zellen ihre Form und Struktur geben und zusätzlich noch an den meisten biochemischen Prozessen des Organismus beteiligt sind. Sie sind Baustoffe für Muskeln, das Immunsystem und die inneren Organe. Für Wanderungen in der Höhe sind sie auch deswegen besonders interessant, weil sie die Transportproteine wie das Hämoglobin oder Transferin bilden, welche den Sauerstoff und das Eisen zu den Zellen bringen.

Unser Körper besteht zu 20 Prozent aus Eiweißbausteinen, die sich aus winzigen Aminosäureketten zusammensetzen. Da wir nur eine kleine Menge davon täglich speichern können und der Körper sich einige dieser Aminosäuren auch nicht aus den Bestandteilen der Nahrung selbständig zusam-

Infos rund ums Eiweiß

Proteine sind nicht nur lebensnotwenige Bausteine für den Körper – sie können auch beim Abnehmen helfen: Eiweiße sind der beste und gesündeste Sattmacher und bringen den Stoffwechsel in Schwung, da ein Drittel der Kalorien, die im Eiweiß stecken, auf der Stelle wieder verbrannt wird.

Was ist eigentlich Eiweiß?
– Protein = wichtigster Baustein aller Zellen
– Aus Aminosäuren aufgebaute Makromoleküle
– Über die Nahrung und Nahrungsergänzungsmittel kann man selbst Einfluss auf die Steuerung chemischer Prozesse im Körper nehmen.

Wo finde ich Eiweiß?
– In fast allen pflanzlichen/tierischen Nahrungsmitteln
– Die Bekanntesten: Eier, Fleisch, Fisch, Milchprodukte, Hülsenfrüchte, Kartoffeln

Die beliebtesten Eiweißlieferanten
– Harzer Käse: Hat kaum Kalorien und Fett, liefert 30 g Eiweiß pro 100 g)
– Schweinefleisch: In der mageren Ausführung ein guter Eiweißspender (22 g/100 g)
– Putenbrust (24 g/100 g)
– Thunfisch: Protein-Power aus dem Meer (24 g/100 g)
– Rote Linsen: Die Hülsenfrüchte liefern 23 g/100 g
– Tofu (20 g/100 g)
– Lachsschinken (18 g/100 g)

– Magerquark: Wie alle Milchprodukte eine gute Eiweißquelle (14 g/100 g)
– Mandeln: Energie- und Eiweißlieferant (18 g/100 g)
– Eier – der Klassiker (7 g pro Ei)

Was ist die »biologische Wertigkeit«?
Unser Körper besteht zu 20 % aus Eiweißen. Die wesentlichen Bausteine der Eiweiße sind die Proteine, die sich aus einzelnen Aminosäuren zusammensetzen. Die biologische Wertigkeit unserer Nahrung bestimmt sich durch die Qualität und die Anzahl der Aminosäuren von Lebensmitteln und kann durch sinnvolle Kombinationen (z.B. Kartoffeln und Ei) optimiert werden. Als Messfaktor gilt dabei das Vollei. Die biologische Wertigkeit wurde hier mit 100 definiert. Weitere gute Eiweißlieferanten sind Fleisch (80), Fisch (70), Kartoffeln (75), Hülsenfrüchte (70) und Milchprodukte (80).

Wie viele Proteine pro Tag?
– Erwachsener: 0,9 g Eiweiß/kg Körpergewicht.
– Kinder/Jugendliche/stillende Mütter: 1,8 g/kg Körpergewicht
– Sportler: in der Trainingsphase des Muskelaufbaus 1,2 g/kg Körpergewicht

menbauen kann, ist eine tägliche Zufuhr der verschiedenen Aminosäuren mit der Nahrung zwingend erforderlich.

Achten Sie darauf, dass Sie verschiedene Eiweißquellen untereinander in einer Mahlzeit verbinden, um die biologische Wertigkeit der Zufuhr zu erhöhen. So ist z. B. die Kombination von Fisch- mit Ei-Produkten eine tolle Eiweißquelle. Oder auch Hülsenfrüchte und Fleisch liefern vieles, was der Körper benötigt.

Pro Tag benötigt ein Erwachsener etwa 0,8 bis ein Gramm Eiweiß pro Kilogramm Körpergewicht. An Tagen mit intensiven Wanderungen kann das auch deutlich auf 1,5 bis zwei Gramm Eiweiß pro Kilogramm Körpergewicht erhöht werden. Kinder, Jugendliche und stillende Mütter haben sowieso einen erhöhten Bedarf von etwa 1,8 Gramm pro Kilogramm Körpergewicht.

Abends sollten Sie also den Schwerpunkt auf eine deutlich durch Eiweiß geprägte Ernährung legen. Verzichten Sie dann weitgehend auf Kohlenhydrate wie Nudeln, Kartoffeln oder Reis und auch auf sämtliche Brot- und Backwaren. Denn Kohlenhydrate benötigt der Organismus für die Nacht keine mehr. Die Ausnahme davon ist nur der Abend nach einer harten Tour in den Bergen.

Zwischenmahlzeiten

Verzichten Sie auf Zwischenmahlzeiten! Es ist wie im Schlaraffenland, weil wir ständig etwas zu essen haben und uns regelmäßig davon verführen lassen. Das immer wieder zugeführte Essen ist für den Körper aber fatal, denn gerade nach einem Frühstück, Mittag- oder Abendessen muss der Körper zunächst mit den Mahlzeiten fertig werden. Er braucht dann für etwa vier Stunden keine erneute Zufuhr.

Das bedeutet also, dass Sie nach den beiden Hauptmahlzeiten Frühstück und Mittagessen jeweils mindestens vier (besser fünf) Stunden Pause mit dem Essen ma-

Frühlingslandschaft im Allgäu

Dos & Don'ts – ab sofort!

- Reichhaltiges Frühstück (kein Käse, keine Schinkenwurst! Besser Schinken oder Marmelade mit einem hohen Fruchtgehalt)
- Mittagessen vielfältig und abwechslungsreich (viel Gemüse)
- Abends keine Kohlenhydrate, stattdessen viel Eiweiß
- Keine Zwischenmahlzeiten mehr!
- Mindestens 4 Std. Pause zwischen den Mahlzeiten
- Obst und Kaffee als Nachtisch – nicht mehr zwischendurch
- Keine Chips, keine Salzbrezeln etc. (max. eine Hand voll pro Woche)
- Mindestens 2,5 l Wasser pro Tag (keine Limonaden oder süße Tees und nur wenig Alkohol)

Die Turbo-Lebensmittel

Äpfel: Der enthaltene Ballaststoff Pektin regt den Verdauungs- und den Verarbeitungsprozess an und sorgt für die Aufnahme von Fetten im Darm – so landen weniger in den Speichern.

Aprikosen: Sie enthalten das Spurenelement Chrom, das direkt für den Muskelaufbau benötigt wird. Karotinoide – diese finden Sie übrigens auch in Möhren – hemmen die Fettablagerungen in den Blutgefäßen, und Kalium unterstützt den Entgiftungsprozess. Am Morgen sind die Eisen bildenden Früchtchen ideal verwertbar.

Chili, Paprika & Co.: Insbesondere scharfe Gewürze regen die Ausschüttung von Hormonen an und heizen so Ihrem Stoffwechsel ein.

Frische Feigen: Das Enzym Ficin regt die Verdauung an und fördert den Muskelaufbau.

Zitronen: Die saure Frucht regt die Produktion des Aktivität-Hormons Noradrenalin an, welches den Stoffwechsel auf Touren bringt. Das enthaltene Vitamin C hilft, die Schilddrüse zu schützen.

Top-Ballaststofflieferanten:

Gemüse: Grüne Bohnen, Erbsen, Fenchel, Rote Bete, Linsen, Kartoffeln, Sprossen, Lauch, Möhren, Sellerie

Getreide: Weizenkleie, Roggenkleie, Haferkleie, Roggenvollkorn(mehl), Weizenvollkorn(mehl), Gerstengraupen, Mais, Vollkornreis

Obst: Erdbeeren, Himbeeren, Brombereeren, Heidel- und Stachelbeeren, Trockenobst

Ölfrüchte: Leinsamen, Sesamsamen, Sonnenblumenkerne und alle Nüsse

chen sollten. Dazu zählt auch der Verzicht auf Schokolade, süße Getränke oder auch auf Milchkaffee. Alles, was erneut Energie in den Organismus bringt, sollte gemieden werden in diesen Pausen – um dem Körper Zeit für die Verarbeitung und Verdauung zu geben und ihn bereit für das nächste Essen zu machen.

Wenn Sie Kuchen, Schokolade oder einen leckeren Cappuccino mögen, dann genießen Sie dies direkt im Anschluss an die Hauptmahlzeit als kleines Dessert. Denn: Genießen können Sie, aber bitte beachten Sie auch, dass der Körper Energiepausen braucht.

Abends sollten Sie sowieso immer auf eine zusätzliche Energiezufuhr nach dem Abendessen verzichten. Das unkontrollierte Mümmeln vor dem Fernseher ist ganz gefährlich und sehr häufig verantwortlich für das Gewichtsproblem.

Essen auf der Wanderung

Gut gestärkt mit einem kohlenhydratreichen Frühstück können Sie nahezu jede Tour angehen. Sollte diese jedoch länger als drei bis vier Stunden andauern, dann sorgen Sie dafür, dass Sie einen Energieriegel (Kohlenhydrate und Eiweiß) mit dabeihaben oder eine Pause auf einer Hütte mit Brotzeit einplanen. Eine Banane, ein Apfel oder auch rohes Gemüse liefern Energie auf der Tour und sorgen bei einer kleinen Rast dafür, dass der zweite Abschnitt der Wanderung ebenso leicht fällt wie der erste.

Verzichten Sie auf große Portionen und besonders auf Alkohol, weil beides Ihre Leistungsfähigkeit extrem einschränkt. Und umso größer ist die Freude auf diese Genüsse, wenn Sie wieder zurück sind und auf einen tollen Wandertag blicken können!

Ganz wichtig: Wasser!

Wasser ist ja das einzige Lebensmittel mit einer negativen Energiebilanz. Für einen Liter Wasser benötigen Sie etwa 150 Kilokalorien zur Verarbeitung und für den Transport. Wasser ist somit das ideale Getränk für alle Abnehmwilligen. Jeden Tag sollten Sie daher mit einem großen (ca. 0,3 l) Glas handwarmem Wasser, möglichst kohlensäurefrei, nüchtern beginnen. Und insgesamt sollten Sie mindestens 30 Milliliter pro Kilogramm Körpergewicht täglich davon trinken. Das braucht der Stoffwechsel, um alle wichtigen Prozesse des Körpers rund und ungetrübt ablaufen zu lassen.

Für eine Wanderung sollten Sie sich daher auch immer mit ausreichend Wasser versorgen. Für eine Stunde anstrengendes Wandern in der Höhe müssen Sie etwa 0,8 bis einen Liter Wasser einkalkulieren. Trinkrucksäcke sind hierzu sehr gut geeignet. An heißen Tagen ist es eventuell sogar notwendig, noch etwas mehr Flüssigkeit mitzunehmen. Oder aber Sie planen die Tour so, dass Sie auf Hütten oder an Quellen immer wieder »nachtanken« können. Denn nur wer ausreichend trinkt, kann abnehmen und auch Leistung erbringen. Trinken Sie auf der Tour also regelmäßig in kleinen Schlucken immer mal wieder, und Sie werden sehen, dass der Spaß am Wandern mit Wasser viel länger erhalten bleibt.

Wasser trinken erhöht den Grundumsatz

Wissenschaftler der Charité Berlin haben kürzlich herausgefunden, dass viel Wasser zu trinken sich positiv auf den Grundumsatz auswirkt. Bei 2 l pro Tag kommen in etwa 200 Kalorien durch das Einschleusen des Wassers in den Stoffwechsel zusammen.

In den Rucksack gehört immer eine Wasserflasche: Denn viel Trinken aktiviert den Stoffwechsel.

Vom Wander-Anfänger zum Gipfelstürmer:
Das effektive Trainingsprogramm hilft Ihnen dabei.

Das 12-Wochen-Wanderprogramm

Dieses 12-Wochen-Programm hilft Ihnen dabei, sich ideal auf die kommenden Wandertouren vorzubereiten. Dabei spielt es keine Rolle, auf welchem Niveau Sie sich aktuell befinden. Egal, ob Anfänger oder erfahrener Gipfelstürmer, jedem Wanderer wird ein umfangreiches Training geboten.

Das Programm wird in drei Bereiche unterteilt: Einstieg (für Anfänger), moderate Wohlfühlwanderungen (für Fortgeschrittene) und knackige Touren (für die Gipfelstürmer). Also, starten Sie durch!

Damit Sie den richtigen Trainingsplan für sich finden, ist es wichtig, dass Sie sich entsprechend Ihres derzeitigen Leistungsvermögens in eine der drei Kategorien Einsteiger, Fortgeschrittene oder Gipfelstürmer selbstständig einordnen. Nur wenn Sie dies auch wirklich ehrlich beantworten, werden Sie sich weder unter- noch überfordern. Sollten Sie bei einer eindeutigen Zuordnung Probleme haben, weil Sie sich zwischen zwei Kategorien fühlen, dann steigen Sie bitte in der niedrigeren Stufe ein!

Wegkreuz bei Garmisch-Patenkirchen

Einsteiger:
Sie sind in den letzten Jahren fast gar nicht körperlich aktiv gewesen und würden sich als Bewegungseinsteiger bezeichnen. Wanderungen sind bisher eine Seltenheit und stellen in ihrer Intensität eher einen längeren Spaziergang dar.

Fortgeschrittene:
Sie treiben mindestens ein- bis zweimal pro Woche regelmäßig Sport und sind auch ansonsten ein recht aktiver Mensch. Wanderungen sind Ihnen nicht unbekannt und können gut und gern länger als zwei bis drei Stunden dauern.

Gipfelstürmer:
Sportliche Aktivität gehört zu Ihrem Lebensstil, und sowohl im Winter als auch im Sommer sind Sie mindestens dreimal pro Woche länger als 30 Minuten körperlich aktiv. Wanderungen, die vier Stunden und länger andauern, bereiten Ihnen keine Schwierigkeiten, und selbst Berge mit längeren Anstiegen bewältigen Sie ohne große Probleme.

Die Schwierigkeitsgrade

- Die mit »**leicht**« bewerteten Touren weisen keine besonderen Schwierigkeiten auf, sind ausreichend markiert und auch für weniger trittsichere Menschen geeignet. Länge und Höhenmeter lassen sich gut bewältigen.
- Die mit »**mittel**« bewerteten Touren sind entweder aufgrund ihrer Länge und/oder der Höhenmeter anstrengender und können zudem Passagen enthalten, die je nach den Witterungsbedingungen etwas Trittsicherheit erfordern.
- Die mit »**schwer**« bewerteten Touren sind jeweils gut 20 km lang und verlangen auch wegen der zu bewältigenden Höhenmeter ausreichend Kondition, sind aber für den geübten Wanderer ebenfalls problemlos wanderbar.

DAS 12-WOCHEN-WANDERPROGRAMM

Stufe 1:
Der ideale Einstieg (für Anfänger)

Wie bei den meisten Sportarten gilt es auch beim Wandern vor dem Start einige wesentliche Punkte zu beachten. Denn Wandern ist weit mehr als nur eine Strecke von A nach B zurückzulegen. Welche Rolle spielen Training und Equipment? Die nachfolgenden Punkte geben Ihnen einen ersten Einblick.

Auf was muss ich beim Einstieg ins aktive Wandern achten?

Wandern beansprucht den ganzen Körper. Das Herz-Kreislauf-System wird belastet, und auch die Muskulatur wird gefordert, insbesondere die der Beine und des Rumpfes (Bauch und Rücken). Das aufrechte Gehen über längere Zeit hinweg fordert entsprechend kräftige Muskeln. Nicht zuletzt werden auch die Gelenke des Körpers belastet, vor allem Fuß- und Kniegelenke. Eine kräftige Muskulatur schützt die Gelenke und vermeidet Überbelastungen. Für Untrainierte kann das Wandern ohne Vorbereitung daher schnell zur Überforderung werden.

Der Körper benötigt Ressourcen hinsichtlich Ausdauer und Kraft. Unter Belastung benötigen Organe und Muskeln mehr Sauerstoff. Bei einer guten Ausdauer passt sich das Herz-Kreislauf-System Belastungen von außen an, indem die Herzfrequenz gesenkt und die Pumpleistung des Herzens erhöht werden. Dadurch wird auch unter Belastung genügend Sauerstoff für Organe und Muskulatur bereitgestellt. Eine gute Kraftfähigkeit ist ebenso wichtig. Beim Wandern muss die Muskulatur der Beine und des Rumpfes über einen langen Zeitraum Kraft aufbringen. Eine gute Kraftausdauer schützt vor einer zu schnellen Übersäuerung der Muskulatur.

Die Selbstwahrnehmung stellt einen wichtigen Faktor für jede Art von sportlicher Aktivität dar. Viele Untrainierte überschätzen und überfordern sich zu Beginn. Oft sind Muskelkater, Muskelverletzungen oder Herz-Kreislauf-Beschwerden die Folge. Mithilfe einer Pulsuhr kann die Belastungsintensität beobachtet und kontrolliert werden. Zu Beginn sollte daher unbedingt mit Pulsuhr »trainiert« werden; einfache Modelle gibt es bereits ab ca. 40 Euro.

Wie trainiere ich zu Hause?

Ausdauer – die wichtigste Grundlage für genussvolles Wandern und Abnehmen

Nutzen Sie die Gegebenheiten, die Ihnen zu Hause und in der Umgebung geboten werden. Grünanlagen wie Parks sowie Wald- und Feldwege können ideal genutzt werden, um die Ausdauer im Freien zu trainieren. Es gibt verschiedene Ausdauerarten (z. B. Kurzzeit- und Langzeitausdauer, Sprintausdauer). Zu Beginn sollte jedoch ein Training der Grundlagenausdauer erfolgen. Dabei wird der Körper bei moderater Intensität zunehmend an längere Belastungen gewöhnt. Dadurch ist der Körper in der Lage, auch nach mehr als 30 Minuten noch genug Energie für den eigenen Stoffwechsel zur Verfügung stellen zu können. Diese lang anhaltende Energieversorgung ist auch für das Wandern wichtig, bei dem der Körper für längere Distanzen genug Energie benötigt.

Geeignete Sportarten zum Trainieren der Grundlagenausdauer sind beispielsweise Walking, Nordic Walking, Radfahren, aber auch Schwimmen. Das Training sollte zwei- bis dreimal wöchentlich für mindestens 30 bis 45 Minuten erfolgen, denn erst ab dieser Zeit beginnt der Körper damit, vermehrt körpereigene Energiereserven (Fettverbrennung) zu nutzen. Trainingseinheiten, die nur einmal pro Woche und mit einer Dauer von mehr als 60 Minuten erfolgen, sind nicht effektiv, da sich der Körper nur bei regelmäßigen Reizen an höhere Belastungen gewöhnt.

Die Intensität des Trainings sollte moderat sein, d. h. mit einer Herzfrequenz von 50 bis 65 Prozent der Maximalherzfrequenz (die maximale Herzfrequenz errechnet sich wie folgt: Männer = 220 – Lebensalter; Frauen = 226 – Lebensalter). Denn gerade die Fettverbrennung braucht viel Sauerstoff und muss daher immer sauerstoffreich durchgeführt werden. Zu hohe Intensitäten führen dazu, dass weniger Sauerstoff zur Energiegewinnung genutzt und daher auch die Fettverbrennung gesenkt wird.

Idyllisch: Kleine Berghütte im ersten Morgenlicht

Kraft – die Basis für den Energieaustausch

Muskeln sind der Garant für hohe Leistungsfähigkeit – und gerade auch für das Abnehmen stellen sie die wichtigste Grundlage dar. Denn Muskeln verbrennen dauerhaft rund um die Uhr Kalorien und Energie. Muskeln müssen daher ihre Kraft entwickeln und wachsen!

Für ein Krafttraining benötigen Sie zu Beginn nicht viel. Erst mal sollten Ihre Muskeln aktiviert und an lang andauernde Belastungen gewöhnt werden. Möglichkeiten bieten sich hier in Stabilisations- und Kräftigungsübungen mit dem eigenen Körpergewicht an. Das Kraftausdauertraining sollte ebenfalls ein- bis zweimal wöchentlich erfolgen. Jede Übung wird in drei bis fünf Sätzen mit jeweils 12–15 Wiederholungen ausgeführt. Dabei sollten zunächst weniger Sätze und Wiederholungen getätigt werden. Die Steigerung der Intensität kann dann mit der Zeit über die Anzahl der Sätze und Wiederholungen erfolgen. Wichtig ist, dass in diesem Abschnitt die Muskeln besser durchblutet werden und sich nun Verbrennungsmotoren bilden, die das Abnehmen leichter machen.

Selbstwahrnehmung

Seinen Körper und sich selbst wahrnehmen und richtig einschätzen zu können, ist eine große Fähigkeit und hilft Ihnen, sich nicht zu überfordern. mithilfe der Pulsuhr können Sie lernen, Intensitäten wahrzunehmen und Ihre eigene Leistung einzuschätzen. Beim Wandern wird es darauf ankommen, dass Sie sich richtig einschätzen und die Leistung passend einteilen können.

Wanderstöcke sind für den Anfang kein Muss. Mit Stöcken kommt man aber schwungvoller bergauf und knieschonender bergab.

ERSTE WANDERTOUR

Neben dem Training sollten Sie auch erste Kurzwanderungen durchführen. Diese dienen dazu, dass Sie sich und Ihren Körper an das Wandern langsam gewöhnen und erste Erfahrungen machen. Weite Fahrten ins Gebirge sind dazu nicht nötig, denn die Natur bietet auch daheim viele Möglichkeiten, um Kurzwanderungen durchzuführen (z. B. über Wald- und Feldwege). Die Wanderungen sollten eine Dauer von 60 bis 90 Minuten anfänglich nicht überschreiten, denn Ihr Körper muss sich erst an die Belastungen gewöhnen, und vor allem muss er erst langsam lernen, aktiv Fette zu verbrennen.

Regeneration

Es ist wichtig, dass Sie nicht nur trainieren, sondern Ihrem Körper auch die nötige Ruhe geben. Die Ruhepausen zur Regeneration sind sehr wichtig, damit der Körper sich ausreichend erholen kann (Reparaturen im Muskelgewebe, Einbau von Eiweißstrukturen im Muskel, Abbau von Laktat). Wenn die Regenerationsphase zu kurz ist oder gar ausbleibt, kann der Körper sich nicht ausreichend erholen, und es kann zum Übertraining kommen, insbesondere bei Neueinsteigern. Hier ist der Körper über längere Zeit über seine Grenzen hinaus belastet worden und verliert sowohl an körperlicher als auch an psychischer Leistungsfähigkeit (Schlafstörungen, mangelnde Motivation bzw. Antriebslosigkeit, Müdigkeit etc.).
Etwa ein bis zwei Tage in der Woche sollten für die Regeneration eingeplant werden, dann kann sich der Körper wieder ausreichend erholen, und die neuen Anpassungen des Körpers können sich überhaupt erst festsetzen.

Ausrüstungstipps – das Start-Equipment

Zu Beginn bedarf es keiner Unmenge an Material, doch ein Start-Equipment ist wichtig. Das richtige Schuhwerk, verbunden mit den geeigneten Socken, ist ein Muss für jeden Wanderer. Zusammen schützen sie vor Blasen und bieten einen sicheren Halt. Sie sollten auch an genügend Flüssigkeit denken. Eine Trinkflasche sollte immer mitgeführt werden, vor allem an wärmeren Tagen. Ein geeigneter Rucksack mit Rückenunterstützung bietet die Möglichkeit, Flüssigkeit und weiteres Material mitzuführen. Lassen Sie sich einfach von Ihrem Fachhändler vor Ort beraten.

Wichtige Übungen, die die beim Wandern genutzten Muskeln trainieren

Crunches
Beanspruchte Muskulatur: Bauchmuskulatur
Ausführung: Rückenlage, Beine anbeugen, Fersen dabei auf dem Boden anstellen. Arme seitlich der Beine parallel zum Boden halten. Den Oberkörper langsam anheben, bis die Schulterblätter soeben den Bodenkontakt verlieren. Dann den Oberkörper wieder zurückführen, den Oberkörper aber nicht auf dem Boden ablegen, damit die Grundspannung in der Muskulatur aufrechterhalten bleibt.

Hackbewegungen
Beanspruchte Muskulatur: Tief liegende Rückenmuskulatur, Schultermuskulatur
Ausführungen: Bauchlage, Arme über dem Kopf gestreckt (ähnlich dem Kraulschwimmen). Beine ausgestreckt und geschlossen auf dem Boden ablegen. Nun werden die Arme und Beine leicht angehoben und »Hackbewegungen« mit Armen und Beinen gleichzeitig durchgeführt (schnelles Heben und Senken der Arme und Beine).
Alternativ kann die Übung auch im Stehen durchgeführt werden. Die Beine werden hierzu hüftbreit auseinandergestellt. In einer leichten Hocke wird der Oberkörper (gestreckt!) leicht nach vorne geneigt. Die Arme werden über den Kopf gestreckt. Nun werden die Hackbewegungen nur mit den Armen ausgeführt.

Vierfüßler-Stand
Beanspruchte Muskulatur: Rückenstrecker, Bauchmuskulatur
Ausführung: Vierfüßler-Stand (Hände und Knie berühren den Boden), dabei auf einen geraden Rücken achten. Der Blick ist auf den Boden vor Ihnen gerichtet. Nun werden der rechte Arm und das linke Bein vom Boden abgehoben und nach hinten ausgestreckt. Danach werden sie unter dem Oberkörper zusammengeführt (Ellbogen berührt das Knie). Zum Schluss werden Arm und Bein wieder gestreckt. Anschließend Seitenwechsel.

Kniebeuge
Beanspruchte Muskulatur: Vordere und hintere Oberschenkelmuskulatur, Gesäßmuskulatur
Ausführung: Stabiler Stand, Beine etwa hüftbreit auseinander stellen. Kontrolliert in die Hocke gehen, indem die Knie gebeugt werden, jedoch ohne dass sie sich nach vorn über die Zehenspitzen schieben. Das Gesäß wird nach hinten abgesetzt (Tipp: Stellen Sie sich vor, Sie setzen sich nach hinten auf einen Stuhl). Die Knie werden so weit gebeugt, bis sie maximal einen Winkel von 90 Grad erreicht haben, danach werden die Knie wieder gestreckt. Sobald der Winkel 90 Grad übersteigt, wird die Belastung sehr hoch, die auf das Knie wirkt. Schon die kleinste Ausweichbewegung kann weitere hohe Belastungen (insbesondere für das Kniegelenk) bedeuten.

Ausfallschritt
Beanspruchte Muskulatur: Vordere und hintere Oberschenkelmuskulatur, Gesäßmuskulatur
Ausführung: Geschlossener Stand. Kleiner Ausfallschritt mit dem rechten Bein nach vorn (normale Schrittlänge). Das hintere Bein etwas gebeugt lassen und langsam das Knie in Richtung Boden senken. Anschließend das Knie wieder anheben (das Knie muss den Boden nicht berühren). Wichtig ist, dass auch hier das Knie des vorderen Beins die Fußspitze nicht überragt. Danach Beinwechsel.

Tabelle 1:
Sechswöchiger Trainingsplan für Anfänger

Wochentag	Art des Trainings	Inhalt des Trainings
Woche 1		
Montag	Ausdauer	Walking, Nordic Walking, Radfahren oder Schwimmen: 30–45 Min., 50–65 % Hf_{max}
Dienstag	Kraft	Crunches: 12 Wiederholungen, 3 Sätze Hackbewegungen: 20 Sek., 3 Sätze Kniebeuge: 12 Wiederholungen pro Bein, 3 Sätze
Mittwoch	Ausdauer	Walking, Nordic Walking, Radfahren oder Schwimmen: 30–45 Min., 50–65 % Hf_{max}
Donnerstag	Pause	Regeneration der Muskulatur und des Herz-Kreislauf-Systems. Tipp: Spaziergänge, heiße Bäder oder Saunagänge unterstützen die Regeneration.
Freitag	Kraft	Crunches: 12 Wiederholungen, 3 Sätze Hackbewegungen: 20 Sek., 3 Sätze Ausfallschritt: 12 Wiederholungen pro Bein, 3 Sätze
Samstag	Kurzwanderung	60 Min., 30–40 % Hf_{max}
Sonntag	Pause	Regeneration der Muskulatur und des Herz-Kreislauf-Systems. Tipp: Spaziergänge, heiße Bäder oder Saunagänge unterstützen die Regeneration.
Woche 2		
Montag	Ausdauer	Walking, Nordic Walking, Radfahren oder Schwimmen: 30–45 Min., 50–65 % Hf_{max}
Dienstag	Kraft	Crunches: 12 Wiederholungen, 3 Sätze Vierfüßler: 12 Wiederholungen pro Arm/Bein, 3 Sätze Kniebeuge: 12 Wiederholungen, 3 Sätze
Mittwoch	Ausdauer	Walking, Nordic Walking, Radfahren oder Schwimmen: 30–45 Min., 50–65 % Hf_{max}
Donnerstag	Pause	Regeneration der Muskulatur und des Herz-Kreislauf-Systems. Tipp: Spaziergänge, heiße Bäder oder Saunagänge unterstützen die Regeneration.
Freitag	Kraft	Hackbewegungen: 20 Sek., 3 Sätze Vierfüßler: 12 Wiederholungen pro Arm/Bein, 3 Sätze Ausfallschritt: 12 Wiederholungen pro Bein, 3 Sätze
Samstag	Kurzwanderung	60 Min., 30–40 % Hf_{max}
Sonntag	Pause	Regeneration der Muskulatur und des Herz-Kreislauf-Systems. Tipp: Spaziergänge, heiße Bäder oder Saunagänge unterstützen die Regeneration.
Woche 3		
Montag	Ausdauer	Walking, Nordic Walking, Radfahren oder Schwimmen: 30–45 Min., 50–65 % Hf_{max}
Dienstag	Pause	Regeneration der Muskulatur und des Herz-Kreislauf-Systems. Tipp: Spaziergänge, heiße Bäder oder Saunagänge unterstützen die Regeneration.
Mittwoch	Kraft	Crunches: 12 Wiederholungen, 3 Sätze Vierfüßler: 12 Wiederholungen pro Arm/Bein, 3 Sätze Kniebeuge: 12 Wiederholungen, 3 Sätze
Donnerstag	Ausdauer	Walking, Nordic Walking, Radfahren oder Schwimmen: 30–45 Min., 50–65 % Hf_{max}
Freitag	Pause	Regeneration der Muskulatur und des Herz-Kreislauf-Systems. Tipp: Spaziergänge, heiße Bäder oder Saunagänge unterstützen die Regeneration.
Samstag	Kurzwanderung	75 Min., 30–40 % Hf_{max}
Sonntag	Kraft	Crunches: 12 Wiederholungen, 3 Sätze Hackbewegungen: 20 Sek., 3 Sätze Kniebeuge: 12 Wiederholungen, 3 Sätze

Woche 4

Montag	*Pause*	Regeneration der Muskulatur und des Herz-Kreislauf-Systems. Tipp: Spaziergänge, heiße Bäder oder Saunagänge unterstützen die Regeneration.
Dienstag	*Ausdauer*	Walking, Nordic Walking, Radfahren oder Schwimmen: 30–45 Min., 50–65 % Hf_{max}
Mittwoch	*Kraft*	Crunches: 15 Wiederholungen, 3 Sätze Vierfüßler: 25 Wiederholungen pro Arm/Bein, 3 Sätze Ausfallschritt: 15 Wiederholungen pro Bein, 3 Sätze
Donnerstag	*Ausdauer*	Walking, Nordic Walking, Radfahren oder Schwimmen: 30–45 Min., 50–65 % Hf_{max}
Freitag	*Pause*	Regeneration der Muskulatur und des Herz-Kreislauf-Systems. Tipp: Spaziergänge, heiße Bäder oder Saunagänge unterstützen die Regeneration.
Samstag	*Kurzwanderung*	75 Min., 30–40 % Hf_{max}
Sonntag	*Kraft*	Crunches: 15 Wiederholungen, 3 Sätze Hackbewegungen: 25 Sek., 3 Sätze Kniebeuge: 15 Wiederholungen, 3 Sätze

Woche 5

Montag	*Pause*	Regeneration der Muskulatur und des Herz-Kreislauf-Systems. Tipp: Spaziergänge, heiße Bäder oder Saunagänge unterstützen die Regeneration.
Dienstag	*Ausdauer*	Walking, Nordic Walking, Radfahren oder Schwimmen: 30–45 Min., 50–65 % Hf_{max}
Mittwoch	*Kraft*	Crunches: 15 Wiederholungen, 3 Sätze Hackbewegungen: 25 Sek., 3 Sätze Ausfallschritt: 15 Wiederholungen pro Bein, 3 Sätze
Donnerstag	*Ausdauer*	Walking, Nordic Walking, Radfahren oder Schwimmen: 30–45 Min., 50–65 % Hf_{max}
Freitag	*Pause*	Regeneration der Muskulatur und des Herz-Kreislauf-Systems. Tipp: Spaziergänge, heiße Bäder oder Saunagänge unterstützen die Regeneration.
Samstag	*Kurzwanderung*	90 Min., 30–40 % Hf_{max}
Sonntag	*Kraft*	Crunches: 15 Wiederholungen, 3 Sätze Vierfüßler: 15 Wiederholungen pro Arm/Bein, 3 Sätze Kniebeuge: 15 Wiederholungen, 3 Sätze

Woche 6

Montag	*Pause*	Regeneration der Muskulatur und des Herz-Kreislauf-Systems. Tipp: Spaziergänge, heiße Bäder oder Saunagänge unterstützen die Regeneration.
Dienstag	*Ausdauer*	Walking, Nordic Walking, Radfahren oder Schwimmen: 30–45 Min., 50–65 % Hf_{max}
Mittwoch	*Kraft*	Crunches: 15 Wiederholungen, 3 Sätze Hackbewegungen: 25 Sek., 3 Sätze Ausfallschritt: 15 Wiederholungen pro Bein, 3 Sätze
Donnerstag	*Ausdauer*	Walking, Nordic Walking, Radfahren oder Schwimmen: 30–45 Min., 50–65 % Hf_{max}
Freitag	*Pause*	Regeneration der Muskulatur und des Herz-Kreislauf-Systems. Tipp: Spaziergänge, heiße Bäder oder Saunagänge unterstützen die Regeneration.
Samstag	*Kurzwanderung*	90 Min., 30–40 % Hf_{max}
Sonntag	*Kraft*	Crunches: 15 Wiederholungen, 3 Sätze Vierfüßler: 15 Wiederholungen pro Arm/Bein, 3 Sätze Kniebeuge: 15 Wiederholungen, 3 Sätze

Stufe 2: Das Körpertraining (für Fortgeschrittene)

Sie haben das Einsteigertraining erfolgreich absolviert oder sind schon erfahrener Wanderer? Die ersten Kilos sind schon weg? Dann bietet sich das nachfolgende Training für Sie an. Weitere, auf dem Anfängertraining aufbauende Trainingsinhalte sowie Tipps und Empfehlungen helfen Ihnen, um auch längere Wanderungen mit höherer Intensität und geringen Höhenunterschieden zu meistern, und vor allem werden wir in dieser Phase den Turbo-Motor entwickeln, wodurch die Pfunde nachhaltig wegschmelzen.

Intensitätssteigerung

Um auch längere, anstrengendere Touren bestreiten zu können, muss das Training (Ausdauer und Kraft) nur entsprechend angepasst und erweitert werden. Trainingsintensität und -umfang werden erhöht, um den Körper an längere, höhere Belastungen zu gewöhnen. Dadurch stellt sich eine weitere Ökonomisierung des Herz-Kreislauf-Systems ein, und vor allem wird der Organismus lernen, viel mehr Energie zu verbrennen und somit auch leistungsfähiger zu werden.

Intervalltraining – Wandern im Wechseltempo

Neue Trainingsinhalte wie das Intervalltraining helfen dabei, den Körper auch an kurze intensive Belastungen anzupassen. Dabei wird kurzzeitig im höheren Herzfrequenzbereich trainiert und gewandert (je nach Intensität und Pause zwischen 30 Sek. und 3 Min.; je höher die Intensität ist, desto geringer ist die Intervalldauer). Die Intensität liegt bei 70–85 Prozent der maximalen Herzfrequenz.

Das Intervalltraining kann praktisch überall durchgeführt werden. Beim Walking oder Nordic Walking können beispielsweise Treppen genutzt werden, um bei gleichbleibendem Lauftempo kurze Belastungssteigerungen zu erzielen. Aber auch ein allgemein höheres Lauf-, Fahr- oder Schwimmtempo kann zur Belastungssteigerung genutzt werden.

Ein weiterer Nutzen des Intervalltrainings ist die schnellere Regeneration nach Belastungen. Das Herz passt sich Intensitätswechseln schneller an und erholt sich dadurch schneller (die Herzfrequenz nimmt schneller nach Belastung ab). Nutzen Sie also alle Möglichkeiten, Ihr Tempo zu variieren. Dabei wechseln sich ruhige mit intensiven Phasen ab. Das führt dazu, dass die Muskeln mit mehr Brennöfen ausgestattet werden und der Körper so nachhaltig mehr Energie braucht.

Leuchtend gelber Sonnenhut

Krafttraining

Um das Training variabel zu gestalten und auf das Ziel Wanderungen mit höheren Intensitäten abzustimmen, stellen die folgenden Übungen eine gute Auswahl dar. Wichtig ist in diesem Abschnitt, dass Sie die Übungen (aus Stufe 1 und 2) so ausführen, dass die Muskeln am Ende der Übung richtig brennen. Das bedeutet nämlich, dass sich durch das Training dann mehr Muskelmasse aufbaut. Und Muskeln sind der größte Feind des Fetts. Und diesem Fett wollen wir schließlich an den Kragen.

Aufrichten in Bauchlage
Beanspruchte Muskulatur: Rückenstrecker
Ausführung: Wir begeben uns in die Bauchlage, Beine sind gestreckt und Arme bzw. Hände werden hinter dem Kopf verschränkt oder seitlich der Ohren gehalten. Danach langsam den Oberkörper aufrichten, sodass der Brustkorb den Bodenkontakt verlässt. Anschließend wird der Oberkörper wieder abgesetzt – hierbei sollte darauf geachtet werden, dass der Oberkörper nicht vollständig auf den Boden abgelegt und die Muskelspannung aufrechterhalten wird.

Hüfte strecken
Beanspruchte Muskulatur: Hüft- und Gesäßmuskulatur
Ausführung: Rückenlage auf dem Boden, Beine werden angestellt (d. h., die Beine sind in den Knien gebeugt, die Füße stehen vollständig auf dem Boden). Nun wird die Hüfte vom Boden in Richtung Decke gehoben, sodass Oberkörper, Hüfte und Oberschenkel eine Linie bilden. Danach wird die Hüfte wieder abgesenkt, ohne jedoch das Gesäß vollständig auf dem Boden abzusetzen – hierbei darauf achten, dass die Hüfte beim Strecken nicht zu weit angehoben wird und es zu keinem Hohlkreuz kommt.

Ruhepausen sind wichtig für die Regeneration.

Training unter der Woche und Wochenendtouren von 3–5 Stunden

Längere Wandertouren von drei bis fünf Stunden sind unter der Woche oft schwer möglich. Daher soll das vorbereitende Training ab jetzt unter der Woche erfolgen, sodass am Wochenende längere Touren eingeplant werden können. Bei längeren Touren kommt es umso mehr darauf an, sich selbst richtig einzuschätzen und sich die Tour gut einzuteilen. Überschätzungen nach der Hälfte des Wegs können zu gesundheitlichen und organisatorischen Problemen führen. Gewöhnen Sie Ihren Körper daher langsam an die längeren Belastungen und die neue intensivere Energieverwertung. Je besser das Training im Vorfeld, desto ungetrübter der Wanderspaß auf der Tour.

Tabelle 1:
Sechswöchiger Trainingsplan für Fortgeschrittene

Wochentag	Art des Trainings	Inhalt des Trainings
Woche 1		
Montag	*Ausdauer*	Grundlagenausdauer: 45–60 Min., 55–70 % Hf_{max}
Dienstag	*Kraft*	Crunches: 15 Wiederholungen, 3 Sätze Hackbewegungen: 30 Sek., 3 Sätze Kniebeuge: 15 Wiederholungen, 3 Sätze
Mittwoch	*Ausdauer*	Grundlagenausdauer: 45–60 Min., 55–70 % Hf_{max} **dazwischen:** Intervalltraining (z. B. Treppenläufe) Pro Intervall: 30–60 Sek., 70–85 % Hf_{max} Anzahl der Intervalle: 5–10
Donnerstag	*Pause*	Regeneration der Muskulatur und des Herz-Kreislauf-Systems. Tipp: Spaziergänge, heiße Bäder oder Saunagänge unterstützen die Regeneration.
Freitag	*Kraft*	Crunches: 15 Wiederholungen, 3 Sätze Hüftstrecken: 12 Wiederholungen, 3 Sätze Ausfallschritte: 15 Wiederholungen pro Bein, 3 Sätze
Samstag	*Wanderung oder Pause*	**Wanderung** Dauer: 3 Std. Intensität: 30–40 % Hf_{max}
Sonntag	*Wanderung oder Pause*	**Pause** Regeneration der Muskulatur und des Herz-Kreislauf-Systems. Tipp: Spaziergänge, heiße Bäder oder Saunagänge unterstützen die Regeneration.
Woche 2		
Montag	*Ausdauer*	Grundlagenausdauer: 45–60 Min., 55–70 % Hf_{max}
Dienstag	*Kraft*	Crunches: 15 Wiederholungen, 3 Sätze Aufrichten aus Bauchlage: 12 Wiederholungen, 3 Sätze Kniebeuge: 15 Wiederholungen, 3 Sätze
Mittwoch	*Ausdauer*	Grundlagenausdauer: 45–60 Min., 55–70 % Hf_{max} **dazwischen:** Intervalltraining (z. B. Treppenläufe) Pro Intervall: 30–60 Sek., 70–85 % Hf_{max} Anzahl der Intervalle: 5–10
Donnerstag	*Pause*	Regeneration der Muskulatur und des Herz-Kreislauf-Systems. Tipp: Spaziergänge, heiße Bäder oder Saunagänge unterstützen die Regeneration.
Freitag	*Kraft*	Hackbewegungen: 30 Sek., 3 Sätze Hüftstrecken: 15 Wiederholungen pro Arm/Bein, 3 Sätze Ausfallschritt: 15 Wiederholungen pro Bein, 3–4 Sätze
Samstag	*Wanderung oder Pause*	**Wanderung** Dauer: 3 Std. Intensität: 30–40 % Hf_{max}
Sonntag	*Wanderung oder Pause*	**Pause** Regeneration der Muskulatur und des Herz-Kreislauf-Systems. Tipp: Spaziergänge, heiße Bäder oder Saunagänge unterstützen die Regeneration.

Woche 3		
Montag	*Ausdauer*	Grundlagenausdauer: 45–60 Min., 55–70 % Hf_{max} **dazwischen:** Intervalltraining (z. B. höheres Tempo) Pro Intervall: 1–2 Min., 70–85 % Hf_{max} Anzahl der Intervalle: 3–5
Dienstag	*Pause*	Regeneration der Muskulatur und des Herz-Kreislauf-Systems. Tipp: Spaziergänge, heiße Bäder oder Saunagänge unterstützen die Regeneration.
Mittwoch	*Kraft*	Crunches: 20 Wiederholungen, 3 Sätze Aufrichten aus Bauchlage: 12 Wiederholungen, 3 Sätze Kniebeuge: 15 Wiederholungen, 3 Sätze
Donnerstag	*Ausdauer*	Grundlagenausdauer: 45–60 Min., 55–70 % Hf_{max} **dazwischen:** Intervalltraining (z. B. höheres Tempo) Pro Intervall: 1–2 Min., 70–85 % Hf_{max} Anzahl der Intervalle: 3–5
Freitag	*Pause*	Regeneration der Muskulatur und des Herz-Kreislauf-Systems. Tipp: Spaziergänge, heiße Bäder oder Saunagänge unterstützen die Regeneration.
Samstag	*Wanderung oder Pause*	**Wanderung** Dauer: 4 Std. Intensität: 30–40 % Hf_{max}
Sonntag	*Wanderung oder Pause*	**Pause** Regeneration der Muskulatur und des Herz-Kreislauf-Systems. Tipp: Spaziergänge, heiße Bäder oder Saunagänge unterstützen die Regeneration.
Woche 4		
Montag	*Ausdauer*	Grundlagenausdauer: 45–60 Min., 55–70 % Hf_{max} **dazwischen:** Intervalltraining (z. B. Treppenläufe) Pro Intervall: 30–60 Sek., 70–85 % Hf_{max} Anzahl der Intervalle: 5–10
Dienstag	*Pause*	Regeneration der Muskulatur und des Herz-Kreislauf-Systems. Tipp: Spaziergänge, heiße Bäder oder Saunagänge unterstützen die Regeneration.
Mittwoch	*Kraft*	Hüftstrecken: 15 Wiederholungen, 3 Sätze Vierfüßler: 15 Wiederholungen, 3 Sätze Ausfallschritt: 15 Wiederholungen pro Bein, 3 Sätze
Donnerstag	*Ausdauer*	Walking, Nordic Walking, Radfahren oder Schwimmen: 45–60 Min., 55–70 % Hf_{max}
Freitag	*Pause*	Regeneration der Muskulatur und des Herz-Kreislauf-Systems. Tipp: Spaziergänge, heiße Bäder oder Saunagänge unterstützen die Regeneration.
Samstag	*Wanderung oder Pause*	**Wanderung** Dauer: 4 Std. Intensität: 30–40 % Hf_{max}
Sonntag	*Wanderung oder Pause*	**Pause** Regeneration der Muskulatur und des Herz-Kreislauf-Systems. Tipp: Spaziergänge, heiße Bäder oder Saunagänge unterstützen die Regeneration.

Woche 5		
Montag	*Kraft*	Vierfüßler: 15 Wiederholungen, 3 Sätze Hackbewegungen: 30 Sek., 3 Sätze Ausfallschritt: 15 Wiederholungen pro Bein, 3 Sätze
Dienstag	*Ausdauer*	Grundlagenausdauer: 45–60 Min., 55–70 % Hf_{max}
Mittwoch	*Kraft*	Crunches: 15 Wiederholungen, 3 Sätze Hüftstrecken: 15 Wiederholungen, 3 Sätze Ausfallschritt: 15 Wiederholungen pro Bein, 3 Sätze
Donnerstag	*Ausdauer*	Grundlagenausdauer: 45–60 Min., 55–70 % Hf_{max} **dazwischen:** Intervalltraining (z. B. höheres Tempo) Pro Intervall: 1–2 Min., 70–85 % Hf_{max} Anzahl der Intervalle: 3–5
Freitag	*Pause*	Regeneration der Muskulatur und des Herz-Kreislauf-Systems. Tipp: Spaziergänge, heiße Bäder oder Saunagänge unterstützen die Regeneration.
Samstag	*Wanderung oder Pause*	**Wanderung** Dauer: 4 Std. Intensität: 30–40 % Hf_{max}
Sonntag	*Wanderung oder Pause*	**Pause** Regeneration der Muskulatur und des Herz-Kreislauf-Systems. Tipp: Spaziergänge, heiße Bäder oder Saunagänge unterstützen die Regeneration.

Woche 6		
Montag	*Pause*	Regeneration der Muskulatur und des Herz-Kreislauf-Systems. Tipp: Spaziergänge, heiße Bäder oder Saunagänge unterstützen die Regeneration.
Dienstag	*Ausdauer*	Grundlagenausdauer: 45–60 Min., 55–70 % Hf_{max} **dazwischen:** Intervalltraining (z. B. höheres Tempo) Pro Intervall: 1–2 Min., 70–85 % Hf_{max} Anzahl der Intervalle: 3–5
Mittwoch	*Kraft*	Crunches: 20 Wiederholungen, 3 Sätze Hackbewegungen: 30 Sek., 3 Sätze Aufrichten aus Bodenlage: 15 Wiederholungen, 3 Sätze
Donnerstag	*Ausdauer*	Grundlagenausdauer: 45–60 Min., 55–70 % Hf_{max} **dazwischen:** Intervalltraining (z. B. Treppenläufe) Pro Intervall: 30–60 Sek., 70–85 % Hf_{max} Anzahl der Intervalle: 5–10
Freitag	*Pause*	Regeneration der Muskulatur und des Herz-Kreislauf-Systems. Tipp: Spaziergänge, heiße Bäder oder Saunagänge unterstützen die Regeneration.
Samstag	*Wanderung oder Pause*	**Wanderung** Dauer: 5 Std. Intensität: 30–40 % Hf_{max}
Sonntag	*Wanderung oder Pause*	**Pause** Regeneration der Muskulatur und des Herz-Kreislauf-Systems. Tipp: Spaziergänge, heiße Bäder oder Saunagänge unterstützen die Regeneration.

Gesunde Verpflegung darf auf der Wanderung nicht fehlen.

Verpflegungstipps

Wenn die Wanderungen länger dauern, wird es umso wichtiger, dass Sie Ihrem Körper genügend Flüssigkeit zuführen. Auch wenn Sie nicht viel schwitzen sollten, benötigt Ihr Körper fürs Herz-Kreislauf-System und den Stoffwechsel ausreichend Wasser. Denn immerhin sind Sie zwischen drei und fünf Stunden körperlich aktiv. Und vergessen Sie nicht, dass gerade kalorienfreies Wasser notwendig ist, die Zellen mit Energie aus den Speichern zu versorgen!

Neben ausreichend Flüssigkeit sollten Sie auch an Energie aus festen Nahrungsmitteln denken. Während des Wanderns verbrennt unser Organismus Energie (Fette, Kohlenhydrate). Bei längeren Wanderungen sollten Sie daher immer etwas zu essen mit sich führen. Wichtige Energielieferanten sind z. B. Bananen, denn sie enthalten viele schnell verwertbare Kohlenhydrate. Denn: Auch wenn Sie abnehmen wollen, braucht der Organismus in diesen Trainingsphasen Energie. Ansonsten gerät er in eine »Hungersnot«, die das Abnehmen deutlich erschweren würde.

Motivationstipps

Die Motivation spielt eine wesentliche Rolle, wenn es darum geht, längere Distanzen zurückzulegen. So also auch beim Wandern. Um Ihre Motivation hoch zu halten, sollten Sie einige Punkte beachten:

Setzen Sie sich realistische Ziele, denn zu hohe Erwartungen führen zumeist zu Überforderungen und beeinträchtigen damit die Motivation.

Beginnen Sie langsam mit der Steigerung der Intensität und des Umfangs der Wandertouren. Zur richtigen Intensität zählt auch, die richtige Last zu wählen. Zwar sollten Sie an genügend Flüssigkeit denken, es macht jedoch wenig Sinn, zu viele Wasserflaschen mit sich zu führen. Wenn der Rücken auf halber Strecke anfängt wehzutun, sinkt die Motivation.

Achten Sie außerdem darauf, die Routen zu wechseln, um eine Abwechslung zu haben. Attraktive Wanderrouten, die beispielsweise natürliche Sehenswürdigkeiten (Bachläufe, Quellen, Aussichtsplattformen) enthalten, heitern zusätzlich die Stimmung auf.

Stufe 3: Der Gipfel ist erreicht (für Gipfelstürmer)

Sie haben das Anfänger- und Fortgeschrittenenprogramm abgeschlossen und möchten nun den Gipfel erklimmen? Und auch den Gipfel einer langfristigen Gewichtsabnahme erreichen? Dann sollten Sie noch auf folgende Punkte achten.

Einteilung der Belastung

Harte Bergtouren von über fünf bis sieben Stunden Dauer und einem Höhenunterschied von mindestens 1000 Metern und mehr erfordern nicht nur die entsprechende körperliche Fitness. Die richtige Einteilung der Belastung ist ebenso von Bedeutung, denn unterschätzen Sie nicht die Anforderungen, die eine solche Tour an Körper und Geist stellt.

Grundsätzlich sollten Sie ein gleichbleibendes, moderates Gehtempo wählen. Sie sollten sich während des Wanderns mit ihrem Partner/Nachbarn unbeschwert unterhalten können (Leitsatz: »Laufen ohne zu schnaufen«). In Bezug auf den Puls bedeutet dies, dass der Puls bei etwa 40–50 Prozent der maximalen Herzfrequenz liegen sollte (zur Erinnerung: maximale Herzfrequenz Männer = 220 – Lebensalter, Frauen = 226 – Lebensalter). Aber keine Angst, schwitzen dürfen Sie trotzdem – das ist sogar leistungsfördernd, denn der Körper reguliert über das Schwitzen den eigenen Wärmehaushalt. Schwitzen schützt also vor Überhitzung!

Bizarre Felsformation am Wegesrand

Legen Sie genügend Pausen ein. Diese sind gesund und bieten Ihrem Körper die Möglichkeit, sich kurz zu erholen. Das Herz-Kreislauf-System und die Muskulatur erfahren dadurch einen geringeren Reiz und können sich für kurze Zeit entspannen. Eine Dauerbelastung von Herz und Muskeln kann nämlich zu Beschwerden wie Muskelkrämpfen oder Schwindel führen. Und gerade die langen Touren gehen so richtig an die Fettreserven. Denn, ohne dass der Körper neue Fette verbrennt, können Sie die langen Touren gar nicht durchhalten. Je länger Sie also unterwegs sind, desto mehr Fette werden verbrannt. So eine Tour verbrennt dann schon mal schnell 3000 kcal – und das lohnt sich doch!

Wetter- und Höheneinflüsse

Wandern bedeutet, sich in der Natur zu bewegen. Sie sind dabei sich wechselnden Wetter- und Naturbedingungen ausgesetzt. Überprüfen Sie bereits einige Tage vor Ihrer Tour die Wetterlage, und stellen Sie sich auf die Bedingungen ein. Wind und Regen können das Wandern erheblich beeinflussen und den Körper zusätzlich beanspruchen.

Auch das Routenprofil sollte bekannt sein, denn Höhenmeter können den Körper vor unerwartete Anforderungen stellen. Dies trifft insbesondere auf hoch gelegene Wandergebiete zu. Mit zunehmender Höhe sinken der Luftdruck und der Anteil des Sauerstoffs in der Luft. Die Folge: Atem- und

Herzfrequenz steigen an, um genug Sauerstoff aus der Luft aufzunehmen. Fangen Sie daher mit tiefer gelegenen Wandergebieten an.

Ausrüstungshinweise

Grundlegend bleibt zu sagen, dass Sie ausreichend Flüssigkeit und Energie mit sich führen sollten. Bei Belastungen von bis zu sieben Stunden ist der Körper auf eine zwischenzeitliche und regelmäßige Zugabe von Wasser und Energie (Kohlenhydrate) angewiesen. Pro Stunde sollten sie etwa 250 Milliliter Flüssigkeit zu sich nehmen. Denken Sie auch an wichtige Energielieferanten wie z. B. Bananen.
Neben dem richtigen Schuhwerk spielt die übrige Kleidung eine besondere Rolle bei langen Wanderungen. Wer am Morgen bei Sonnenschein startet, kann bereits nach einiger Zeit von Regen oder gar Schnee überrascht werden. Seien Sie also auf plötzlich wechselnde Wetterverhältnisse eingestellt. Das »Zwiebelprinzip« hinsichtlich der Kleidung ist hier eine gute Basis. Ihr Fachhändler vor Ort kann Sie über weitere Möglichkeiten informieren.

Auch während der Wanderung gilt: Immer genügend Pausen einlegen.

Regeneration

Vor der Wanderung sollten Sie darauf achten, dass Ihr Körper genügend Zeit hatte, sich zu regenerieren. Sowohl Ausdauer- als auch Krafttrainings führen aufgrund der Trainingsreize, die durch Intensität und Umfang erzielt werden, zu Umbauprozessen im Körper: Muskelstrukturen werden neu gebildet, und Abbauprodukte (z. B. Laktat) müssen aus dem Körper ausgeschieden werden. Für diese Prozesse benötigt der Körper Zeit. Legen Sie daher unbedingt einen Tag Pause vor der Wanderung ein, damit Ihr Körper alle nötigen Ressourcen für eine erfolgreiche Wandertour bereitstellen kann. Ebenso sollten Sie nach der Wanderung auf eine ausreichende Regeneration achten.

Ernährung vor und nach der Tour

Sollten Sie eine längere Wanderung mit zahlreichen Höhenmetern ins Auge gefasst haben, können Sie schon im Voraus damit beginnen, Ihren Körper auf die bevorstehende Wanderung vorzubereiten. Ist die Wanderung für den nächsten Tag geplant, können Sie schon am Vorabend auf eine kohlenhydratreiche Kost achten, damit die Energiespeicher im Körper gefüllt sind. Darüber hinaus sollten Sie am Morgen der Wanderung Kohlenhydrate zum Frühstück zu sich nehmen, um ausreichend Energie dem Körper zuzuführen, z. B. mittels Bananen, Haferflocken mit Früchten oder Vollkornbrot.
Wenn der Körper nach einer Wanderung viel Energie verbraucht hat (2000–3000 kcal), dann will und muss er natürlich neu versorgt werden. Das Beste ist, dass Sie dem Organismus dann eiweißreiche Kost (Fisch, Gemüse, Käse) zuführen, weil das die Erholung fördert und vor allem auch verhindert, dass der Körper seine Muskeln aufzehrt. Fette sollten nur wenig und Kohlenhydrate kontrolliert nach der Tour zugeführt werden. Wichtig ist dagegen, den Wasserspeicher wieder aufzufüllen, um somit den Muskelzellen frische Energie zu liefern.

II Praxis
Die Touren

Wanderschuhe schnüren und los!

Für Einsteiger

1 Zur Muckklause auf der Winklmoosalm

Durch ruhige Bergwälder und über sonnige Almwiesen

leicht 1.30 Std. 5,5 km 148 Hm

Ausgangs-/Endpunkt
Parkplatz an der Sonnenalm (1148 m)

Anfahrt
A 8 München–Salzburg bis Ausfahrt Bernau und über die B 305 Richtung Reit im Winkl; Ausschilderung zur Winklmoosalm, kostenpflichtige Mautstraße. Bahnverbindung München–Prien, ab Prien Regionalbahn nach Reit im Winkl, vom Bahnhof Bus zur Winklmoosalm

Wegverlauf
Winklmoosalm – Muckklause – Möserer Stube – Winklmoosalm

Beste Jahreszeit
Frühjahr

Essen und Trinken
Sonnenalm, Klammweg 2, 83242 Reit im Winkl, Tel. 08640/797 20, www.sonnenalm.de

Information
Tourist-Information Reit im Winkl, Dorfstr. 38, 83242 Reit im Winkl, Tel. 08640/800 27, www.reit-im-winkl.de

Berühmt ist die Winklmoosalm als Heimat der Ski-Olympiasiegerin von 1976, Rosi Mittermaier. Doch auch für weniger sportliche Naturen hat das Hochplateau auf 1200 Metern Höhe einiges zu bieten. Wir haben uns für den leichten, landschaftlich wunderschönen Rundweg zur Muckklause, einer historischen Staumauer, entschieden.

Am Parkplatz der Winklmoosalm folgen wir dem Schild Richtung Muckklause und kommen wenig später zum Bergasthof Sonnenalm. Doch noch lassen wir den verlockenden Garten links liegen und halten uns geradeaus, bis wir auf den Muckklaus-Weg stoßen, wo unsere schöne Rundwanderung beginnt. Zwischen saftigen Almwiesen und mit Blick auf die umliegenden Chiemgauer Berge wandern wir auf einem leicht ansteigenden, breiten Schotterweg in Richtung Wald. Wenig später passieren wir die Landesgrenze und sind nun in Österreich.

Nun bietet sich ein Abstecher zur Muckklause an. Denn nach einer guten halben Stunde gemütlichen Gehens haben wir unser erstes Ziel, die Muckklause, fast erreicht. Ein etwa 5-minütiger Abstecher (ausgeschildert) bringt uns zu dieser im Unkental mitten im Wald gelegenen Staumauer aus dem Jahr 1792 (!), die jahrhundertelang für die Holztrift, also für den Holztransport ins Tal, genutzt wurde. Nach umfangreicher Sanierung wurde die Muckklause 1976 zu einem Kultur- und Technikdenkmal ernannt und unter Denkmalschutz gestellt.

Sie trägt ihren Namen nicht zu Unrecht: die Sonnenalm auf der Winklmoosalm.

Wellness-Oase Sonnenalm

Wie wäre es mit einem Kurz-Urlaub im Hotel der Sonnenalm? Nach der Wanderung den gepflegten Wellnessbereich genießen, sich eine Massage gönnen und in der Sauna so richtig ins Schwitzen kommen? So macht Schlankwandern Spaß!

Bequem an der Staumauer entlang gehen wir danach bergab und passieren die Bachschlucht. Über eine kleine Brücke erreichen wir wieder unseren Rundweg und halten uns dort rechts. Im weiteren Verlauf der bequemen Wanderung kommt man an der ehemaligen Holzknechtstube »Möserstube« vorbei und verlässt wenig später den Wald. An der nächsten Kreuzung geht es nach links, die Winklmoosalm ist bereits ausgeschildert. Erneut überqueren wir die Staatsgrenze, wandern vorbei an blühenden Almwiesen und stillen Hochmooren und genießen das grandiose Bergpanorama. Ein kleiner Weiher lädt zu einer kurzen Pause ein – wer mag, kühlt hier seine Füße. Derart erfrischt geht sich das letzte Wegstück zur Sonnenalm fast von allein.

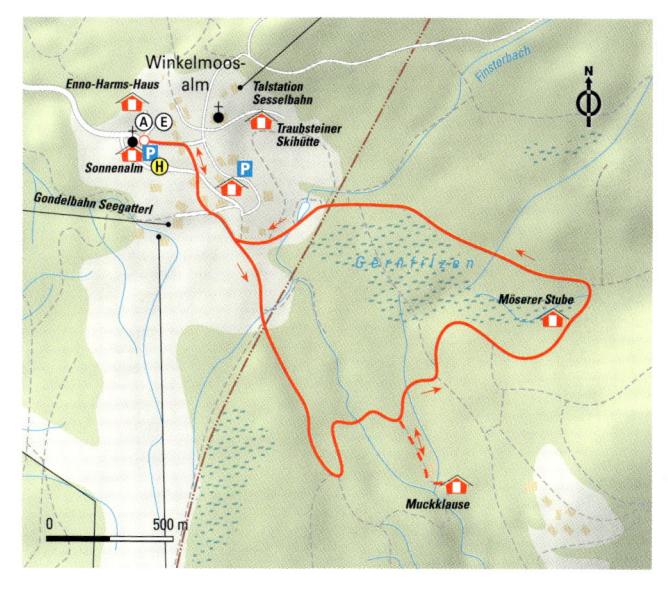

Doch bevor wir uns gemütlich niederlassen und einen knackigen Salat und ein großes Wasser bestellen, werfen wir noch einen Blick in die Kapelle Mariä Himmelfahrt. Jedes Jahr am 15. August treffen sich hier die Einheimischen zu einer feierlichen Bergmesse mit Kräuterweihe.
Der Abstieg erfolgt auf dem gleichen Weg wie der Aufstieg.

Im Sommer verbringen die braun gefleckten Kühe ihren »Sommerurlaub« auf der Winklmoosalm.

1 · ZUR MUCKKLAUSE AUF DER WINKLMOOSALM

2

Mit der Bahn auf den Rauschberg

Zwei Gipfel und Kunst am Berg

leicht | 1.30 Std. | 5 km | 45 Hm

Ausgangs-/Endpunkt
Ruhpolding (690 m), Talstation der Rauschbergbahn

Anfahrt
A 8 München–Salzburg bis Ausfahrt Siegsdorf, dann B 305 Richtung Ruhpolding und dort der Ausschilderung zur Rauschbergbahn folgen. Bahnverbindung München–Traunstein, ab Traunstein Zug nach Ruhpolding, vom Bahnhof Bus zur Rauschbergbahn

Wegverlauf
Bergstation Rauschbergbahn – Vorderer Rauschberg – Rauschbergalm – Hinterer Rauschberg – Bergstation Rauschbergbahn

Beste Jahreszeit
Frühjahr oder Herbst

Essen und Trinken
Da wir den Aufstieg bequem mit der Bergbahn bewältigen, nehmen wir uns im Rucksack eine leckere, selbst gemachte Brotzeit mit und lassen es uns beim Picknick auf dem Rauschberg gut gehen.

Information
Tourist-Information Ruhpolding, Hauptstr. 60, 83324 Ruhpolding, Tel. 08663/880 60, www.ruhpolding.de

Ein abwechslungsreicher Ausflug auf den Ruhpoldinger Hausberg, der wie ein Wächter über dem gleichnamigen Tal thront und für seine großartige Aussicht berühmt ist: Rauf geht es mit der Rauschbergbahn zur Bergstation in 1645 Metern Höhe und von dort weiter zu den beiden Gipfeln dieses beliebten Aussichtsberges.

Die »schnellste Seilschwebebahn Deutschlands« nannte man die Rauschbergbahn stolz bei ihrer Eröffnung im Jahr 1953 – zumal sie auch noch nach einer rekordverdächtig kurzen Bauzeit fertiggestellt worden war. Seitdem haben ihre verglasten Kabinen unzählige Wanderer, Spaziergänger und Naturfreunde bergauf befördert. Für damalige Verhältnisse war die Bahn eine technische Meisterleistung, und noch heute ist die Fahrt ganz schön aufregend – das mag sich zumindest so mancher wenig bergerfahrene Fahrgast denken. Immerhin legt man die rund 1000 Höhenmeter zur Bergstation in etwa 6 Minuten zurück! Dennoch bleibt Zeit genug, um die fantastischen Ausblicke auf die umliegenden Gipfel der Chiemgauer Berge, das Voralpenland, den Chiemsee und seinen kleinen Bruder, den Simssee, zu genießen.

Oben angekommen, verlässt man die Seilbahn und reibt sich erst einmal die Augen: Kunst, hier oben am Berg? Tatsächlich ist die Bergstation eine

Auf dem Lehrpfad am Rauschberg erfährt man Erstaunliches und Interessantes über die Felsformationen am Berg.

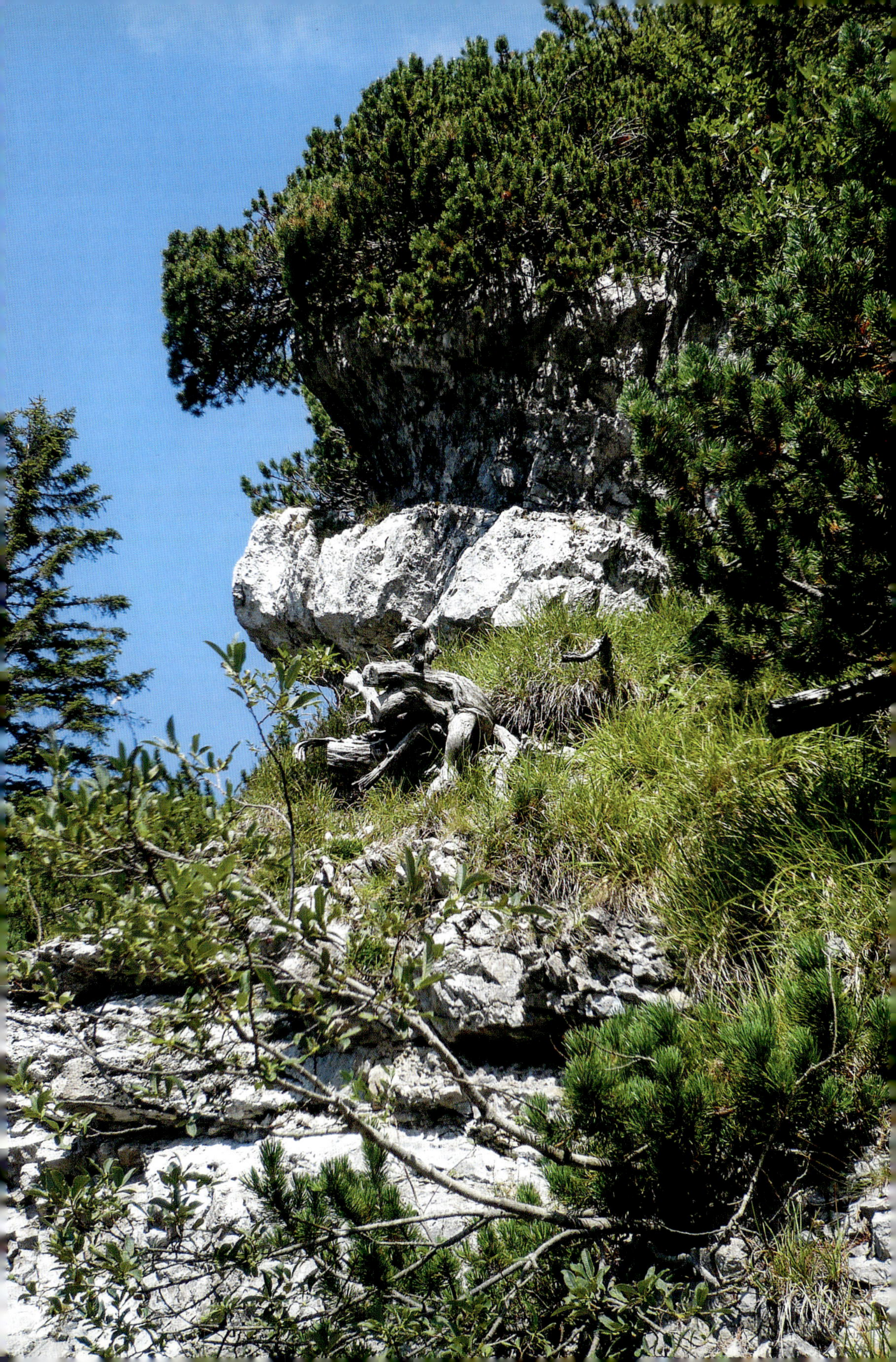

Bleirausch am Rauschberg

Der Rauschberg und das gesamte Bergmassiv wurden keineswegs, wie so mancher vielleicht meint, nach Bergsteigern benannt, die zu tief ins Glas geschaut hatten. Seinen Namen verdankt er vielmehr der Tatsache, dass hier, genauer gesagt am Inzeller Kienberg, ab dem frühen 17. Jh. Bergbau betrieben wurde. Gesucht wurde insbesondere nach Blei und Zink, und als »Rausch« bezeichnete man die Stücke aus Bleierz, die beim Waschen als Erste zu Boden sinken. Die Lagerstätte am Rauschberg war die bedeutendste im bayerischen Alpenraum und wurde mit Unterbrechungen bis ins Jahr 1925 abgebaut.

kleine Gemäldegalerie auf 1645 Metern Höhe. Gezeigt werden mehrere Porträts und andere Werke des Siegsdorfer Künstlers Angerer d. J., dessen Kunst uns im Lauf des Tages noch öfters begegnen wird.

Nach einem kurzen Rundgang zieht es uns hinaus in die Natur, auf den schönen Alpenerlebnispfad, der gleich links beginnt. Auf dem fast zwei Kilometer langen, gut ausgebauten Weg kommen wir an insgesamt fünf Hütten vorbei, in denen wir uns über Flora und Fauna am Rauschberg informieren können, zusätzlich vertieft durch zahlreiche Informationstafeln entlang des Weges. Doch das Großartigste hier oben ist zweifelsohne das Gipfelpanorama: In Richtung Norden schaut man weit hinaus ins bayerische Voralpenland und zum Chiemsee, im Süden sieht man in der Ferne den Großglockner und den Großvenediger. Da kann man so richtig abschalten von der Alltagshektik und neue Energie tanken!

Der Weg ist gut ausgebaut und bequem, und schon nach ein paar Minuten haben wir den ersten Gipfel erreicht – den Vorderen Rauschberg mit 1645 Metern Höhe, dessen Gipfelkreuz allerdings ein wenig versteckt ist. Dafür ragt auf einem kleineren Nebengipfel eine riesige Stahlskulptur in den Himmel, »Adams Hand«, die nach Rom zeigt und ebenfalls ein Werk von Angerer d. J. ist. Der Künstler möchte damit die Menschen zum umsich-

Große und kleine Felsen säumen den abwechslungsreichen Rundweg.

Verlaufen braucht sich hier keiner: Alle Wege auf dem Rauschberg sind gut ausgeschildert.

Das Ziel jeder Bergwanderung: das Gipfelkreuz, hier am Hinteren Rauschberg.

tigen Umgang mit der Natur auffordern – und wo ginge das besser als in dieser traumhaft schönen Landschaft?

Der Weg zum zweiten Gipfel, dem 1671 Meter hohen Hinteren Rauschberg, ist länger und auch anspruchsvoller, hier muss man trittsicher sein. Dennoch sollte man einen Blick auf die anderen Kunstwerke am Berg werfen, darunter eine Säule zu Ehren von Papst Benedikt XVI. und die Skulptur »Der Himmelskletterer«, die den Extremkletterer Alexander Huber, besser bekannt als der jüngere der »Huaba-Buam«, in Lebensgröße zeigt. Doch auch das Gipfelkreuz mit den vergoldeten Kreuzkugeln kann sich sehen lassen; es steht seit 1988 auf dem Gipfel, nachdem seine Vorgänger durch Wind und Wetter stark beschädigt worden waren und ersetzt werden mussten.

Wem der Panoramarundweg auf dem Rauschenberg noch zu wenig in die Beine (und an die Pfunde) geht, der kann natürlich nun auch zu Fuß absteigen, statt mit der Bahn wieder zu Tal zu schweben. Der Weg ist unschwer zu gehen und führt schön sonnig am Südhang bergab, später auf einer Forststraße bis zur Diensthütte und weiter immer den Wegweisern »Laubau/Talstation« nach bis zu ebenjener, die man nach etwa zweieinhalb Stunden Gehzeit erreicht.

Unterschätzen sollte man den Abstieg jedoch nicht – die über 900 Höhenmeter können ganz schön in die Knie gehen. Also Stöcke nicht vergessen!

3 Rundweg im Tal der Valepp

Ein idyllisches Tal, ein rauschender Bach und gleich zwei Hütten

leicht 2.15 Std. 10 km 130 Hm

Ausgangs-/Endpunkt
Spitzingsee (1083 m), Parkplatz bei der Kirche

Anfahrt
A 8 München–Salzburg bis Ausfahrt Weyarn, weiter nach Miesbach, auf der B 307 bis Fischhausen-Neuhaus und über den Spitzingsattel zum Parkplatz bei der Kirche. Oder mit der BOB nach Schliersee und vom Bahnhof mit dem Bus zum Spitzingsee.

Wegverlauf
Spitzingsee – Valepper Almweg – Blecksteinhaus – Spitzingsee

Beste Jahreszeit
Ganzjährig

Essen und Trinken
Blecksteinhaus, Bleckstein 1, 83727 Schliersee-Spitzingsee, Tel. 08026/712 04, www.blecksteinhaus.com; Albert-Link-Hütte, Valepper Str. 8, 83727 Schliersee-Spitzingsee, Tel. 08026/712 64, www.albert-link-huette.de

Information
Gäste-Information Schliersee, Perfallstr. 4, 83727 Schliersee, Tel. 08026/606 50, www.schliersee.de

Die Wanderung weist zwischendurch ein paar Steigungen auf, ist aber insgesamt ein moderater, bequem zu gehender Weg, der ins Tal der Valepp am gleichnamigen Bach entlangführt. Ausgangs- und Endpunkt ist der Spitzingsee, der mit seinem Uferweg zu einem Spaziergang einlädt. Weitere Höhepunkte der Wanderung sind die beiden gemütlichen Hütten, das Blecksteinhaus und die Albert-Link-Hütte.

Beim Wirtshaus Wurzhütte am Südende des Spitzingsees folgen wir an der Schranke dem leicht abwärts führenden Valepper Almweg, einer schmalen Teerstraße, die für den öffentlichen Verkehr gesperrt ist. Wir wandern gemütlich auf der fast ebenen Straße entlang der plätschernden Roten Valepp, bis wir nach etwa 15 Minuten den Abzweig zur Albert-Link-Hütte erreichen, den wir aber links liegen lassen.
An der Hütte vorbei geht es nun über freies Almgelände weiter bis zum Waldrand, wo der Weg nach links zum Blecksteinhaus ausgeschildert ist. Kurz bevor wir die traditionsreiche Alpenvereinshütte erreichen, schlängelt sich der Forstweg etwas steiler bergab – das geht ganz schön in die Knie! Doch schon bald, nach etwa einer halben Stunde Gehzeit, haben wir die urige Hütte mit ihrem netten Biergarten erreicht. Doch eigentlich ist es noch zu früh, um uns gemütlich niederzulassen, auch wenn der kalorienarme Brotzeitteller sehr verlockend klingt.

Wie auch immer wir uns entscheiden, nach dem Blecksteinhaus wandern wir weiter in Richtung Waitzingeralm (942 m). Jetzt führt der Weg ganz

Das Blecksteinhaus war einst Domizil des Männer-Turnvereins.

schön steil nach oben – doch wenn wir an die Kalorien denken, die wir bei diesem kurzen Aufstieg verbrauchen, kommt uns die Anstrengung nur noch halb so groß vor! Und sobald wir die Rote Valepp erreicht haben, wird der Weg wieder flacher und gemütlicher.

Bei der nicht bewirtschafteten Waitzingeralm überqueren wir die Rote Valepp und wandern auf der asphaltierten Straße in Richtung Spitzingsee zurück. Unser Weg verläuft größtenteils auf der Trasse der

Kulinarische Mitbringsel

Auf der Albert-Link-Hütte isst man nicht nur ausgezeichnet, man kann auch einige der dort hergestellten Produkte kaufen und mit nach Hause nehmen – so etwa das resche, selbst gebackene Brot, das einfach unwiderstehlich schmeckt! Das hat sich sogar bis nach München herumgesprochen, wo das Brot einmal in der Woche, immer donnerstags, in den Servicestellen des Deutschen Alpenvereins am Hauptbahnhof, bei Sport Schuster am Marienplatz und beim Alpenverein in Gilching verkauft wird.

früheren »Bockerlbahn«, einer Schmalspurbahn, die um das Jahr 1920 von Neuhaus bis zum Pfanngraben gebaut wurde, um das durch zwei massive Sturmschäden angefallene Holz abzutransportieren. Nach Beendigung des Transports wurde die Bahn wieder abgebaut, doch ihre Spuren sind noch heute sichtbar.

Bis zur Valepper Alm ist der Weg gleichmäßig ansteigend, dann folgt ein flacheres Stück, bevor der Endspurt zur Albert-Link-Hütte wieder steiler wird. Spätestens dort wird es Zeit, gemütlich einzukehren – aber Vorsicht, Finger weg vom Kaiserschmarrn, denn der ist eine mächtige Portion und eine echte Kalorienbombe! Doch zum Glück gibt es auf der Hütte auch andere, sehr wohlschmeckende Schmankerl, die besser zu unserem Vorhaben, schlank beim Wandern zu werden, passen: selbst geräucherter, hauchdünn geschnittener Bauernspeck oder Wildschinken und frisches, im Holzofen gebackenes Bauern- oder Sechskornbrot. Guten Appetit!

Von der Albert-Link-Hütte aus sind es dann nur noch ca. 15 Minuten zurück zu unserem Ausgangspunkt am Spitzingsee.

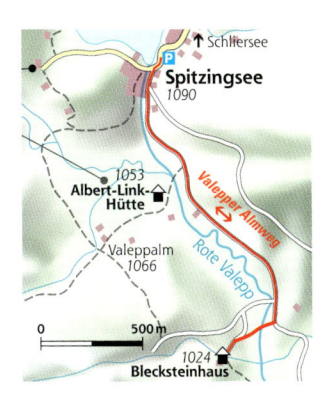

Vor oder nach der Tour zum Blecksteinhaus genießt man den schönen Blick auf den Spitzingsee.

3 · RUNDWEG IM TAL DER VALEPP

4 Durchs Murnauer Moos

Eine Landschaft, die Maler und andere Künstler inspirierte

leicht bis mittel • 3 Std. • 12,5 km • 190 Hm

Ausgangs-/Endpunkt
Ramsachkirche St. Georg, Rundweg Nr. 5 (blau markiert)

Anfahrt
A 95 München–Garmisch bis Ausfahrt Murnau, dann B 2 bis Murnau und am Ortsausgang nach ca. 1 km rechts zur Ramsachkirche (ausgeschildert). Bahnverbindung München–Murnau, ca. 3 km Fußweg zur Ramsachkirche

Wegverlauf
Ramsach südlich von Murnau – Langer Filz – Westried – Moosrain – Ramsach

Beste Jahreszeit
Rund ums Jahr sehr schön

Essen und Trinken
Da es unterwegs keine Einkehrmöglichkeit gibt, nehmen wir uns im Sommerhalbjahr eine leckere, kalorienarme Brotzeit mit und genießen unser Picknick im Murnauer Moos.
In der kalten Jahreszeit kehren wir im gemütlichen Gasthaus Ähndl ein, das wir am Ende der Rundwanderung erreichen.

Informationen
Tourist-Information Murnau,
Kohlgruber Str. 1,
82418 Murnau a. Staffelsee,
Tel. 08841/614 10,
www.murnau.de

Diese Wanderung hat es in sich: Sie führt durch das Murnauer Moos, das größte zusammenhängende und weitgehend ursprüngliche Moorgebiet Mitteleuropas. Und sie geht aufgrund ihrer Länge ganz schön in die Beine! Daher sollte man unbedingt ausreichend Proviant und Getränke mitnehmen, denn unterwegs gibt es keine Einkehrmöglichkeit.

Gleich zu Beginn unserer Rundwanderung erwartet uns ein Highlight: die kleine Ramsachkirche St. Georg am nördlichen Rand des Murnauer Mooses, der wir vor Beginn unserer Wanderung einen kurzen Besuch abstatten. Bereits Mitte des 8. Jahrhunderts stand an dieser Stelle eine erste Kirche, weshalb sie im Volksmund nur »das Ähndl« (abgeleitet von »Ahne«) genannt wird. In der Folgezeit wurde das kleine Gotteshaus mehrfach umgebaut und erweitert; sein heutiges Aussehen erhielt es im 18. Jahrhundert. Besonders sehenswert ist das Altarbild von 1663, das den Kirchenpatron, den Heiligen Georg, als berittenen Drachentöter zeigt. Es inspirierte Anfang des 20. Jahrhunderts die Malergruppe »Blauer Reiter«, zu der u. a. Wassily Kandinsky und Franz Marc gehörten. Überhaupt hielten sich die Maler gern hier auf – warum, werden wir spätestens nach unserem Rundweg durch das landschaftlich überaus reizvolle Murnauer Moos verstehen.

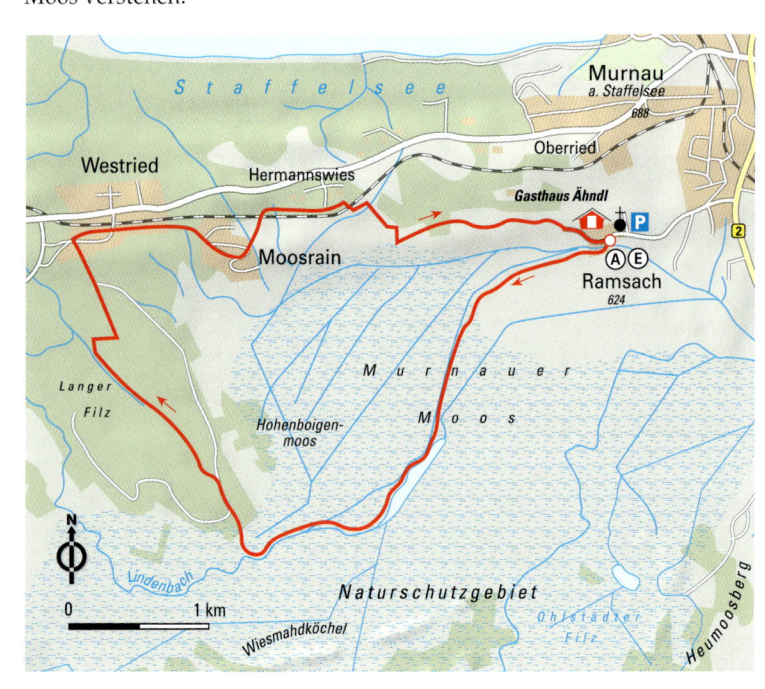

Ausgangspunkt und Ziel dieser reizvollen Naturwanderung ist das Kircherl St. Georg in Ramsach.

Eine große Übersichtstafel informiert uns über den gut ausgeschilderten Rundweg Nr. 5, auf dem wir den Nord- und den Nordwestteil des Murnauer Mooses kennenlernen werden. Zunächst führt unser Weg ein kurzes Stück an der Ramsach entlang, und wir genießen den schönen Ausblick auf das vor uns liegende Moos. Hier, im Flachmoorbereich, kann man – je nach Jahreszeit – Schwertlilien, Trollblumen, mehrere Arten von Knabenkraut, Schwalbenwurzenzian, Stengelloser Enzian und Schmalblättriges Wollgras entdecken.

Wenig später kommen wir nach einer Schranke in den Mischwald, wo wir uns an der zweiten Gabelung links halten und anschließend geradeaus weitergehen. Schon bald haben wir den vielleicht schönsten Abschnitt des Moores, den sogenannten »Langen Filz«, erreicht und wandern nun auf Holzbohlen weiter, um die empfindliche Naturlandschaft nicht zu betreten. Hier, im Hochmoor, gedeihen verschiedene Beerenarten, außerdem wachsen Rosmarienheide, Sonnentau, Wollgras sowie Birken und Mooslatschen. Eine kleine Holzhütte lädt uns zu einer kurzen Pause ein, während der wir im Gästebuch und auf Tafeln nachlesen können, welche Eindrücke Wanderer vor uns hier festgehalten haben. Damit haben wir auch den Scheitelpunkt unserer Wanderung erreicht.

Seltene Pflanzen und Tiere

Im Murnauer Moos wachsen fast 1000 verschiedene Pflanzenarten, und es finden sich hier über 1800 Tierarten in den geschützten Lebensräumen – darunter sind viele gefährdet und stark gefährdet, wie z. B. das Braunkehlchen und der Wachtelkönig, die im Moos brüten. Zu der gefährdeten Fauna zählen u. a. Karlszepter, Buchsbaumseggen und Braune Schnabelbinsen.

So romantisch das Murnauer Moor für Wanderer und Naturliebhaber ist, so wenig ertragreich war es früher für die hier lebenden und arbeitenden Bauern. Auf den nassen Flächen ließ sich nichts anbauen, und man konnte sie auch nicht anderweitig nutzen. Lediglich die weniger nassen Flächen des Moores ließen sich einmal im Jahr mähen, trocknen und als Heu für die Einstreu verwenden. Die Natur dankte es den Bauern, und nach und nach entstanden Feuchtwiesen mit zahlreichen verschiedenen Pflanzen.

Weniger positive Auswirkungen hatte der im 19. und 20. Jahrhundert weitverbreitete Abbau von Torf und Gestein. Zudem wurden weite Flächen entwässert, und auch diese Maßnahme setzte dem empfindlichen Naturraum ordentlich zu. Bis in die zweite Hälfte des 20. Jahrhunderts hinein spielten die Gewinnung von Streu und das Torfstechen im Murnauer Moos eine wichtige Rolle; der Gesteinsabbau wurde erst im Jahr 2000 eingestellt.

Ab 1992 wurde das Moos zu einem der größten Naturschutzprojekte der Bundesrepublik Deutschland. Durch intensive finanzielle Unterstützung des Staates und durch den von der Bevölkerung mitgetragenen Naturschutz ist es seitdem gelungen, diesen empfindlichen Naturraum langfristig zu sichern – immerhin befindet sich heute über die Hälfte des Murnauer Mooses in staatlicher Hand oder im Besitz von Naturschutzorganisationen. Heute ist das Murnauer Moos ein wichtiger Wasserspeicher und Klimafaktor.

Auf dem Rückweg kommen wir durch den als Wohngebiet begehrten Murnauer Ortsteil Moosrain, gehen ein kurzes Stück an der Straße und dann an den Bahngleisen entlang. Unser Weg liegt jetzt deutlich höher als auf dem Hinweg, sodass wir einen eindrucksvollen Panoramablick über die Streuwiesen, das Moos und die sich dahinter erhebenden Berge haben.

Eine kleine Pause vom Wandern gefällig? Dann gönnen Sie sich doch einen Stadtbummel durch das malerische Murnau.

Abstecher nach Murnau und zum Staffelsee

Die Gegend rund um das Murnauer Moos ist so schön, dass man hier gern noch etwas länger verweilt – vielleicht gönnen Sie sich gar ein Wochenende im »Blauen Land«, wie die Region genannt wird? Im Sommer ist der Staffelsee mit seinen kleinen Inseln ein besonders lohnendes Ziel, ist er doch einer der wärmsten Seen Oberbayerns und lädt mit seinen netten Strandbädern zum Baden und Sonnen ein. Davor oder danach könnten Sie eine Schifffahrt rund um den See unternehmen, die an drei Stellen – in Seehausen, Achele (Murnau) und Uffing – unterbrochen werden kann.

Zu einem Aufenthalt am Staffelsee gehört auch ein Bummel durch Murnau, das terrassenartig über dem Murnauer Moos und dem Staffelsee liegt. Für den Fremdenverkehr wurde der hübsche Markt ab der Mitte des 19. Jh. entdeckt, zumal er ab 1879 mit der neu errichteten Eisenbahn gut zu erreichen war. Um die Jahrhundertwende entstanden rund um den alten Ortskern herrschaftliche Villen, teils von dem renommierten Münchner Architekten Emanuel Seidl erbaut. Auf ihn geht auch die Ortsverschönerung zurück, die dem Ort sein charakteristisches Bild mit den farbenfrohen Fassaden verliehen hat. In jener Zeit entdeckten die Künstler Murnau: Die Maler Gabriele Münter und Wassily Kandinsky kauften 1909 das im Volksmund bald »Russenhaus« genannte heutige Münter-Haus und lebten dort bis 1914. Ihre Bilder griffen häufig Motive aus Murnau und der Umgebung auf und machten es so einem breiten Publikum bekannt.

5

Durch die Kendlmühlfilzen bei Grassau

Bayerns größte zusammenhängende Moorlandschaft

leicht 3.30 Std. 13 km 100 Hm

Ausgangs-/Endpunkt
Rottau (538 m), Parkplatz bei der Kirche

Anfahrt
A 8 München–Salzburg bis Ausfahrt Bernau, weiter nach Grassau und nach Rottau. Bahnverbindung München–Prien, vom Bahnhof Bus nach Grassau und nach Rottau

Wegverlauf
Rottau – Moorlehrpfad mit Aussichtsturm – Westerbuchberg – Torfbahnhof – Rottau

Beste Jahreszeit
Frühsommer oder Herbst

Essen und Trinken
Wie wäre es mit einem Picknick mitten in der idyllischen Moorlandschaft? Das ist nicht nur landschaftlich sehr schön, sondern käme auch allen Abnehmplänen entgegen!

Information
Tourist-Information Grassau, Kirchplatz 3, 83224 Grassau, Tel. 08641/69 79 60
www.grassau.de

Eine ausgedehnte, aber leichte Wanderung durch die romantische Naturlandschaft des Hochmoors Kendlmühlfilzen – Sie müssen sich nur noch entscheiden, ob Sie das Moor im Frühsommer erleben wollen, wenn es vom weiß blühenden Wollgras überzogen ist, oder im Herbst, wenn das Heidekraut die Landschaft violett färbt.

Ein empfindliches Naturparadies ist die Kendlmühlfilzen, ein Hochmoor, das seit 1992 unter Naturschutz steht. Ausgangs- und Endpunkt unserer Wanderung, die entlang des ausgeschilderten Moorrundwegs verläuft, ist der kleine Weiler Rottau. Am östlichen Ortsrand gehen wir zunächst in Richtung Grassau und folgen später der Ausschilderung »Moorlehrpfad«. Um die kostbare Landschaft zu schonen, gilt striktes Wegegebot. Deshalb freuen wir uns über den Aussichtsturm, von dem aus wir einen guten Überblick über die Kendlmühlfilzen haben.

Der nächste Höhe- und Aussichtspunkt ist der Westerbuchberg, den wir unschwer erklimmen und von dem aus wir einen traumhaften Rundumblick haben. Im gleichnamigen Weiler lohnt die Kirche St. Peter und Paul einen Besuch, eines der ältesten Gotteshäuser der Region mit alten Fresken aus dem 14. und 15. Jahrhundert.

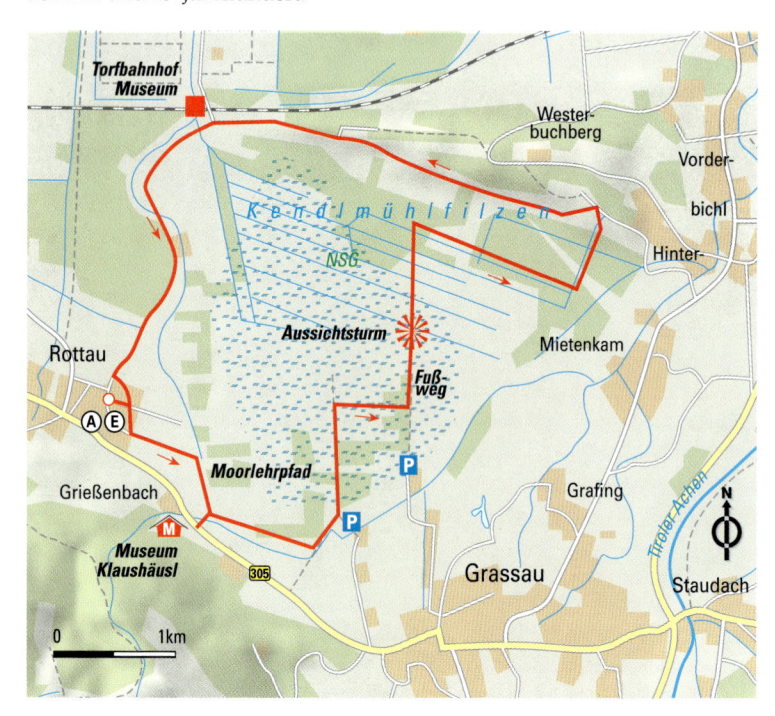

Das Hochmoor, ein spezieller Lebensraum

Es ist sehr nährstoffarm, nass und sauer – deshalb wachsen hier nur Pflanzen, die auf das Leben unter diesen Bedingungen spezialisiert sind. So gibt es im Hochmoor relativ wenige Bäume, lediglich verkrüppelte Birken und Latschen. Häufiger sieht man den Sonnentau, eine fleischfressende Pflanze. Auf seinen Blättern hat er winzige Tröpfchen, an denen Insekten hängen bleiben. Mit dieser zusätzlichen Nahrung kann die Pflanze in der kargen Hochmoorlandschaft überleben. Obwohl das Moor sehr nass ist, gibt es keine Fische oder Muscheln, denn sie kämen mit dem sauren Moorwasser nicht zurecht; stattdessen leben hier typische Moorinsekten wie z. B. Libellen.

Weiter geht es dann zum ehemaligen Torfbahnhof, von dem aus wir wieder zurück nach Rottau wandern.

Die besondere Naturlandschaft Hochmoor hat die Menschen schon in frühesten Zeiten fasziniert. Deshalb haben sie im Moor oft kultische Orte oder Opferstätten errichtet, wie zahlreiche Ausgrabungen von Weihegaben gezeigt haben. Vor allem im 19. Jahrhundert wurde das Moor dann profaner genutzt – zum Torfabbau, denn den Torf verwendete man als Brennmaterial. Mit dem Aufkommen anderer Brennstoffe verlor der Torf an Bedeutung, wurde aber in den 1970er- und 1980er-Jahren erneut abgebaut – diesmal, um daraus Blumenerde herzustellen. Die Spuren dieser industriellen Nutzung des Moores sind heute noch sichtbar.

Auf unserem Rundweg stoßen wir mehrmals auf Reste von Schienen und Gleisanlagen. Sie gehörten zur Torfbahn, auf der man den Brennstoff zum Rottauer Torfbahnhof transportierte, der an der Bahnlinie München–Salzburg lag und den wir im weiteren Verlauf der Wanderung erreichen. Heute ist in dieser ehemaligen Verladestation ein Museum eingerichtet, in dem man sich über den Torfabbau informieren kann. Leider fügte man durch das Abfräsen des Torfs mit großen Maschinen der empfindlichen Moorlandschaft erheblichen Schaden zu. Nur durch die Initiative engagierter Bürger wurde erreicht, dass die Kendlmühlfilzen als Naturschutzgebiet ausgewiesen wurde und die alten Torfstiche und Fräsflächen renaturiert werden. Doch es wird noch sehr lange dauern, bis dieses empfindliche Ökosystem wieder im Gleichgewicht sein wird, denn Torf wächst nur einen Millimeter pro Jahr.

6

Vom Alpsee auf die Alpe Gschwenderberg

Aussichtsreiche Wanderung im Oberallgäu

leicht bis mittel | 1.45 Std. | ca. 5 km | 337 Hm

Ausgangs-/Endpunkt
Bühl am Alpsee (738 m)

Anfahrt
A 96 München–Lindau bis Ausfahrt Jengen/Kaufbeuren, dann B 12 Richtung Jengen/Kaufbeuren, Auffahrt Füssen/Lindau auf die A 7, weiter bis Ausfahrt Dreieck Allgäu und auf der A 980 Richtung Lindau/Oberstdorf bis Ausfahrt Waltenhofen, weiter Richtung Oberstdorf/Immenstadt und bis Blaichach, dort rechts in die Staufener Straße, links in die Rieder Steige und bis zum Parkplatz in Bühl am Alpsee. Bahnverbindung München–Oberstaufen, ab Oberstaufen Bus nach Bühl.

Wegverlauf
Bühl am Alpsee – Rieder – Ergelweg – Alpe Gschwenderberg – Ergelweg – Rieder – Bühl am Alpsee

Beste Jahreszeit
Frühjahr oder Herbst

Essen und Trinken
Alpe Gschwenderberg (Mai–Okt. geöffnet), 87509 Immenstadt, Tel. 08323/48 76 bzw. 0175/153 13 63, www.alpegschwenderberg.de

Information
Gästeinformation Bühl am Alpsee, Seestr. 5, 87509 Immenstadt, Tel. 08323/91 41 78, www.alpsee-immenstadt.de

Eine der ältesten Alphütten im Oberallgäu ist das Ziel dieser kurzen, aber dennoch durchaus kernigen Wanderung: die Alpe Gschwenderberg auf 1075 Metern Höhe oberhalb von Bühl am Alpsee. Der Aufstieg ist ganz schön steil – also ideal, um lästige Pfunde loszuwerden!

Der kleine Ort Bühl am Alpsee in der Nähe von Immenstadt ist Ausgangs- und Endpunkt dieser kurzen, leichten Wanderung, die aber dennoch einen steilen Aufstieg bietet, der Kalorien verbrennt. Am Parkplatz gehen wir zuerst ein Stück zurück zur Straße und folgen dort auf einer schmalen Teerstraße der Beschilderung »Rieder-Gschwend«. Über eine Unterführung geht es weiter bergauf, nun auf dem Fußweg neben der Rieder Steige, wie die Straße jetzt heißt. Nach wenigen Minuten biegen wir rechts in den Abzweig Ergelweg Richtung Rieder ein.
Der Ergelweg, ein schmaler Pfad in Richtung Westen, führt uns am Waldrand und dann im lichten Bergwald bergauf. Zwischendurch haben wir immer wieder schöne Ausblicke auf den unter uns liegenden Alpsee. Der Weg bringt uns über mehrere Kehren bergauf und ist teilweise kaum befestigt – an diesen Stellen sollte man also etwas Vorsicht walten lassen. Es geht kontinuierlich bergauf, teils über Stufen – ganz schön anstrengend, aber wunderbar gegen unerwünschte Pfunde …

Am Ende des Weges biegen wir nach rechts auf eine schmale Teerstraße in Richtung Geschwendner Alpe ein und kommen zum kleinen Weiler Rieder mit seinen Bauernhöfen. Dort halten wir uns links und folgen der Ausschilderung zum Naturfreundehaus. Über eine schmale Teerstraße geht es weiter bergauf, teilweise recht steil, und an Almweiden vorbei – immer mit Blick auf den Alpsee.
Nach etwa 45 Minuten zweigt rechts ein schmaler Steig zur Alpe Gschwenderberg ab. Dieser Weg führt uns nun in den Wald und dort über Stock und

300 Jahre ist sie bereits alt, die Alpe Gschwenderberg oberhalb von Bühl am Alpsee.

Bade- und Bootsausflug am Alpsee

Wer sich nach der Wanderung etwas entspannen möchte, könnte den restlichen Tag am Alpsee verbringen. Denn was gibt es Schöneres, als nach einer schweißtreibenden Bergtour ins erfrischende Wasser zu springen und sich danach in der Sonne von den Strapazen des Aufstiegs zu erholen? Alternativ wäre auch eine gemütliche Fahrt mit dem Tret- oder Ruderboot über den See möglich.

Stein; unterhalb plätschert ein Bach dahin, den wir wenig später auf einer Brücke überqueren. Danach wandern wir weiter bergauf, kommen aus dem Wald heraus und genießen erneut den schönen Alpseeblick.
Später kommen wir in den angenehm kühlenden Wald, wo es kontinuierlich weiter bergauf geht, bis wir schließlich leicht erhöht vor uns das alte Holzhaus der Alpe Gschwenderberg sehen, das Ziel unserer Wanderung.

Gemütlich ist sie, die Alpe Gschwenderberg, eine der ältesten Alphütten im Oberallgäu. Bis vor einigen Jahren wurde hier noch gekäst, dann starb der alte Sennwirt plötzlich. Seitdem werden hier zwar noch Kühe gehalten, aber die Käseproduktion ruht einstweilen. Dafür kann man köstliches hausgemachtes Alpen-Holundergelee kaufen. Vor der urigen Hütte mit ihrer alten Gaststube sind einfache Holzbänke und Tische aufgestellt, eine Speisekarte gibt es nicht, und die Getränke nimmt man sich selbst aus der Brunnenkühlung. Die freundliche Wirtin offenbart sich als Nordlicht, das ins Allgäu eingeheiratet hat und mittlerweile mit viel Herzblut die Alpe betreibt.
Wie wäre es mit einer deftigen Brotzeit – etwa mit aromatischer Kaminwurz oder Bergkäse? Es muss ja nicht gleich der üppige Apfelstrudel mit Vanillesauce sein …

Für den Rückweg nach Bühl können wir zwischen zwei Möglichkeiten wählen: dem bequemeren Abstieg über die Forststraße, der über Almwiesen bergab führt, oder dem anspruchsvolleren Rückweg über den Ergelweg zurück nach Bühl.

Bergbauernmuseum Immenstadt

Wie die Allgäuer Bergbauern früher gelebt und gearbeitet haben, erfährt man bei einem Besuch im Bergbauernmuseum im Immenstädter Ortsteil Diepolz. Mehrere historische Gebäude, die sich auf dem abwechslungsreichen Rundweg erkunden lassen, wurden originalgetreu wiederaufgebaut. Interessant ist auch der Besuch der original erhaltenen Höfle-Alpe, einer Sennalpe, die 1872 bei Oberstdorf gebaut wurde. Zum Bergbauernmuseum gehört ein Bauerngarten, der in Kreuzform angelegt ist und damit die Form alter Klostergärten aufnimmt. Die meisten Bergbauern waren Selbstversorger, daher bauten sie auch Gemüse, Salat und Obst an.

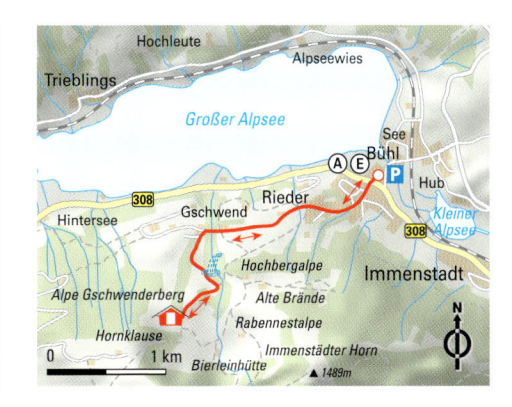

7 Auf den Auerberg im Pfaffenwinkel

Der Jägersteig und die wildromantische Feuersteinschlucht

leicht | 2.30 Std. | ca. 7 km | 282 Hm

Ausgangs-/Endpunkt
Bernbeuren (773 m)

Anfahrt
A 96 München–Lindau bis Ausfahrt Landsberg/L., weiter Richtung Füssen bis Bernbeuren, dort der Ausschilderung zum Auerbergmuseum folgen und am Marktplatz parken. Bahnverbindung München nach Kaufbeuren, mit der Regionalbahn nach Marktoberdorf, von dort Anruf-Sammel-Taxi nach Lechbruck am See (Voranmeldung bis 1 Std. vor Abfahrt, Tel. 08342/194 10), ab Lechbruck mit Bus 9821 Richtung Schongau bis Haltestelle »Bernbeuren, Marktplatz«

Wegverlauf
Bernbeuren Marktplatz – Feuersteinschlucht – Jägersteig – Auerberg – Prälatenweg – Helmen – Senthub – Bernbeuren

Beste Jahreszeit
Frühling bis Herbst, auch heiße Sommertage

Essen und Trinken
Panoramagasthof auf dem Auerberg, Auerberg 2, 86975 Bernbeuren, Tel. 08860/235, www.auerberghotel.de

Information
Gemeinde Bernbeuren, Marktplatz 4, 86975 Bernbeuren, Tel. 08860/910 10, www.bernbeuren.de

---

Der Name »Feuersteinschlucht« kommt von den früher hier zu findenden Feuersteinen. Diese gibt es zwar heute nicht mehr, dafür so manche fantasievolle Konstruktion.

Am Gipfel des Auerbergs erwartet uns auf 1055 Metern Höhe bei klarer Sicht ein unbeschreibliches Alpenpanorama: vom Wendelstein im Osten über das Wettersteingebirge und die Ammergauer Alpen bis hin zu den Allgäuer Alpen und dem Bregenzer Wald im Westen. Also, die Wanderschuhe schnüren – und los geht's!

Am Bernbeurer Marktplatz folgen wir der Ausschilderung zum Auerbergmuseum und gehen ein kurzes Stück auf der Fahrstraße ortsauswärts, vorbei am Abzweig zur Kneippanlage. Ab hier ist die Feuersteinschlucht, unser erstes Ziel, ausgeschildert. Wir halten uns rechts und wandern auf einem schmalen Pfad über saftige Wiesen, an einer Pferdekoppel vorbei. Wenig später zweigt rechts am Waldrand ein schmaler Steig ab, dem wir in Richtung Feuersteinschlucht folgen. Ihren eigentümlichen Namen verdankt die Schlucht übrigens den Feuersteinen, die man hier früher gefunden hat. Dieses besonders harte Kieselgestein wurde bereits in der Steinzeit für schneidende Waffen und Werkzeuge verwendet.

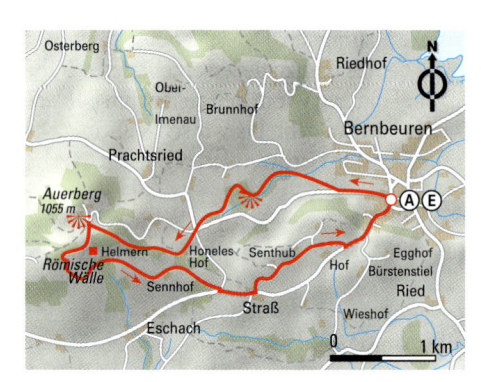

Der Weg ist ideal für heiße Sommertage – bei angenehmer Kühle und unter Schatten spendenden Bäumen führt er an einem plätschernden Bach entlang und über Stege zu einem kleinen Wasserfall.
Weiter geht es auf Geröll bzw. auf einem Waldweg, zuerst eben, dann steiler bergauf. Erneut begleiten uns Stufen und zahlreiche Wurzeln auf dem Weg aus der Schlucht. Jetzt verläuft unser Weg oberhalb des Bachs, den wir wenig später auf einer Brücke überqueren.
Über eine Lichtung kommen wir in den Wald und wandern weiter gemächlich bergauf. Mit etwas Glück gelingt es uns, im angrenzenden Wildgehege das dort lebende Rot- und Damwild auszumachen.

Nach etwa 45 Minuten verlassen wir den Wald, gehen ein kurzes Stück an der Straße entlang und überqueren sie in Richtung Auerberg. Rechts machen wir leicht erhöht und zwischen Bäumen die St.-Georgs-Kirche auf dem Auerberg aus, deren Aussichtsplateau wir später erklimmen.
Unser Ziel, der Auerberg, rückt näher. Im weiteren Verlauf kommen wir am Honeles Hof vorbei und wandern auf einem kleinen Teersträßchen bergauf,

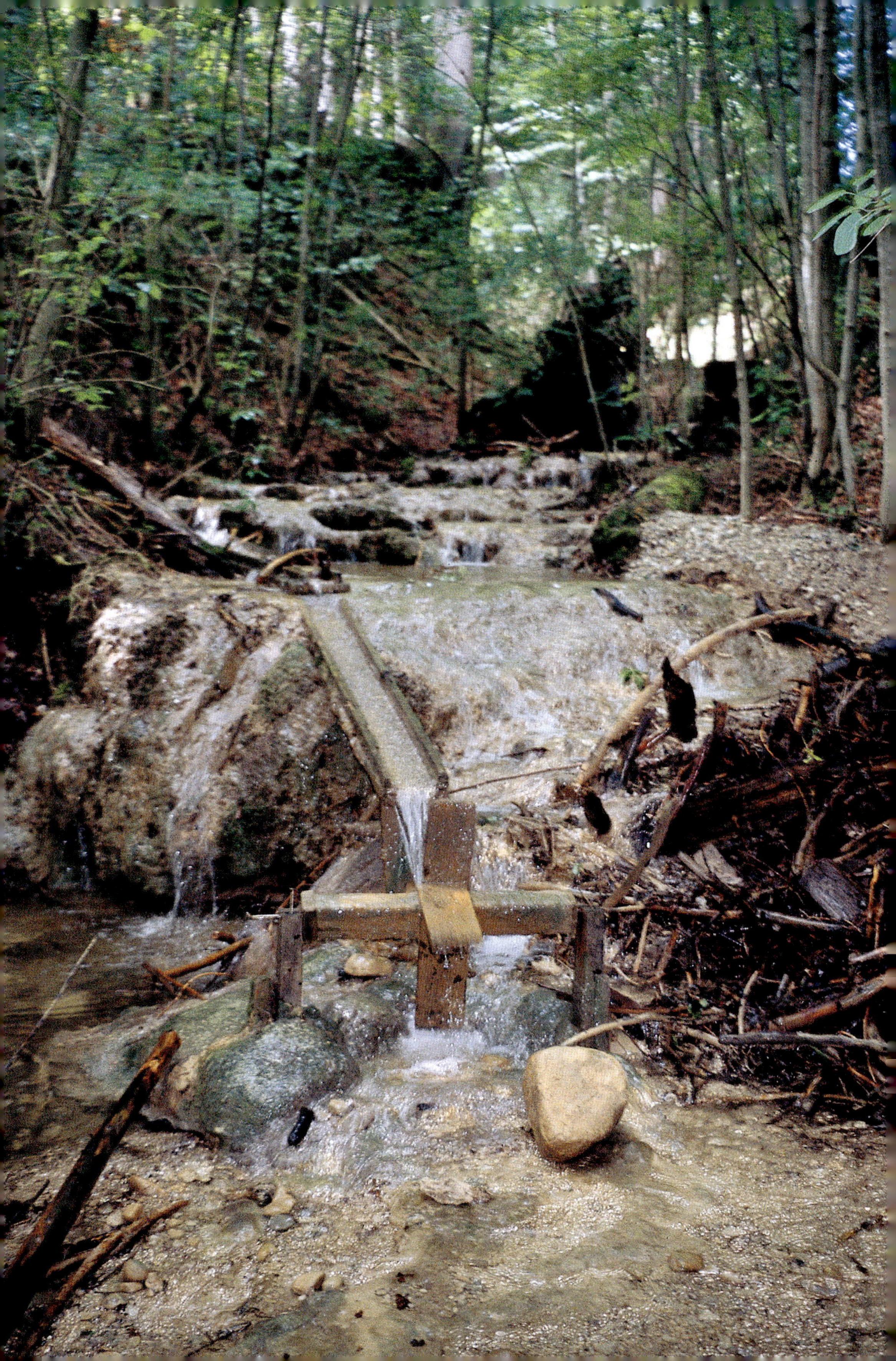

> ## St.-Georgs-Kirche auf dem Auerberg
>
> Auf dem höchsten Punkt des Auerbergs steht die schlichte St.-Georgs-Kirche, die vermutlich in romanischer Zeit entstanden ist. Im 16. und 17. Jh. wurde sie durch den Chor und das Langhaus erweitert. Dort befindet sich die Figur des Heiligen Georg mit dem Drachen von 1675, dem Schutzpatron der Kirche. Das Gotteshaus ist bis heute Wallfahrtskirche und Ziel des alljährlich stattfindenden Georgirittes. Früher war die Kirche vom Auerberger Friedhof umgeben. Die im Kern spätmittelalterliche Ummauerung ist noch erhalten. Seit einigen Jahren besitzt der Turm der St.-Georgs-Kirche eine Aussichtsplattform, die über eine enge Treppe, vorbei an der alten Glocke, erreicht werden kann. Scheuen Sie die Mühe nicht: Bei gutem Wetter genießen Sie von dort das gesamte Alpenpanorama!

vorbei an blumenreichen Wiesen und mit schönem Blick auf Bernbeuren und die dahinterliegenden Hügel.

Beim nächsten Abzweig halten wir uns rechts in Richtung Jägersteig/Auerberg und steigen nun auf dem Jägersteig abwechselnd im Wald und am Waldrand steil bergauf. An der Wegkreuzung bleiben wir auf dem oberen Weg. Unterwegs bietet sich immer wieder ein traumhafter Blick zu den Alpen, in das Auerbergland und in den Pfaffenwinkel.

Wenig später verlassen wir den Wald, wandern über Almwiesen und machen rechts von uns erneut die St.-Georgs-Kirche und das Gasthaus am Auerberg aus, das wir kurz danach erreichen. Jetzt haben wir die Wahl: Picknick oder Gasthaus? Wer statt der Einkehr im Gasthaus ein zünftiges Picknick favorisiert, findet hier einen schönen Lagerplatz.

Nicht versäumen: die Aussichtsplattform auf dem Turm der St. Georgskirche

Nachdem wir uns ausgeruht und gestärkt haben, erwartet uns ein weiterer, allerdings kürzerer Aufstieg: der zur Aussichtsplattform auf dem Turm der St.-Georgs-Kirche auf dem Auerberg. Bei gutem Wetter ist er wegen des fantastischen Ausblicks unbedingt zu empfehlen!

Der deutlich bequemere, aber auch weniger abwechslungsreiche Rückweg nach Bernbeuren verläuft auf der Südseite des Auerberges auf der gut markierten Teilstrecke des sogenannten Prälatenwegs. Unterwegs kommen wir an schmucken Bergbauernhöfen vorbei und genießen den herrlichen Panoramabergblick.

Vom Auerberg eröffnen sich schöne Ausblicke nach Süden auf den Alpenhauptkamm.

Kelten und Römer auf dem Auerberg

Hätten Sie gedacht, dass sich auf dem Auerberg die älteste dörfliche Siedlung der Römer in Bayern befunden hat? Und dass erste Besiedlungen sogar noch weiter zurückreichen? Erste Spuren aus der Zeit um ca. 2500 v. Chr. wurden durch den Fund eines Steinbeils belegt. Zwischen 1200 und 1000 v. Chr. siedelten die Illyrer aus dem Balkan auf dem Auerberg. Ab dem 8. Jh. lebten hier die Kelten und brachten die Techniken des Salzbergbaus sowie der Eisenverhüttung und -verarbeitung mit. Am Auerberg soll damals eine keltisch-römische Festung mit dem Namen »Damasia« angelegt worden sein. Ausgrabungen lassen darauf schließen, dass es eine kleine Siedlung mit einer Therme, einer Fabrica und anderen Gebäuden gegeben hat, die von einer Stadtmauer umgeben war. Wenn Sie mehr über die römische Vergangenheit dieses Ausflugsbergs erfahren möchten, besuchen Sie doch nach der Wanderung das Auerbergmuseum in Bernbeuren in der Mühlenstr. 9, das allerdings nur am Samstag und Sonntagnachmittag sowie an Feiertagen nachmittags geöffnet hat.

8 Zur Sonntraten über dem Isartal

Ganzjährig empfehlenswerte Aussichtsterrasse

leicht bis mittel   1.45 Std.   ca. 5 km   400 Hm

Ausgangs-/Endpunkt
Parkplatz bei Grundern (720 m)

Anfahrt
A 8 München–Salzburg bis Ausfahrt Holzkirchen, dann B 13 nach Bad Tölz, beim Eisstadion links Richtung Gaißach, im Ortsteil Mühle rechts und über Moosen und Unterreut nach Grundern. Bahnverbindung München–Obergries (BOB), dann ca. 40 Min. Fußweg nach Grundern

Wegverlauf
Grundern – Sonntraten – Grundern

Beste Jahreszeit
Rund ums Jahr, außer an heißen Sommertagen, da der Aufstieg sehr sonnig ist

Essen und Trinken
Keine Einkehrmöglichkeit, Brotzeit mitnehmen

Informationen
Touristeninformation Bad Tölz,
Max-Höfler-Platz 1,
83646 Bad Tölz,
Tel. 08041/786 70,
www.bad-toelz.de

Einen richtigen Gipfel erreicht man bei dieser Wanderung zwar nicht, dennoch ist sie wunderschön, und oben angekommen hat man einen für die geringe Höhe erstaunlichen Panoramablick. Und immerhin sind in einer Stunde Aufstieg knapp 400 Höhenmeter zu bewältigen – das ist gar nicht so ohne! Auf der Karte werden Sie die Sonntraten oft vergeblich suchen, deshalb ist es hier auch nie wirklich voll.

Die Sonntraten ist mit ihren 1096 Metern Höhe eigentlich mehr ein Hügel als ein richtiger Berg, und dennoch ist die Wanderung auf den wenig überlaufenen Voralpenberg vor allem bei Einheimischen sehr beliebt. Viele gehen vor oder nach der Arbeit schnell noch mal auf die Sonntraten. Kein Wunder, bei dieser kurzen, aber abwechslungsreichen Tour kommen Körper und Seele gleichermaßen auf ihre Kosten: Beim Aufstieg werden ordentlich Kalorien verbrannt und die Kondition wird trainiert – allerdings sollte man nach Möglichkeit nicht zwischendurch stehen bleiben, sondern in einem Zug die fast 400 Höhenmeter überwinden! Und wenn man dann oben auf dem bewaldeten Buckel angekommen ist, wird einem bewusst, was für ein wunderbarer Ort die Sonntraten ist: Wo

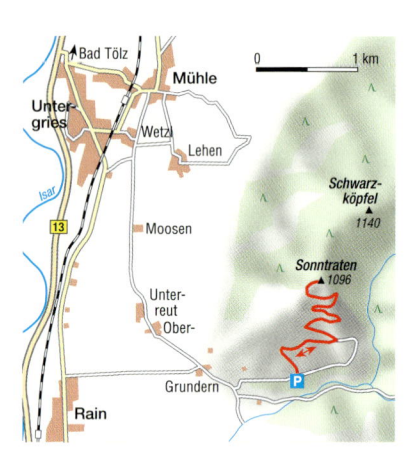

Viele Einheimische besuchen die Sonntraten und »gleiten« dann schnell ins Tal.

> **Neue Energie tanken**
>
> Wie wäre es nach der Wanderung mit einem Kurzbesuch im Badeparadies »Alpamare« in Bad Tölz? Im neuen Jodbad lässt es sich im angenehm warmen Wasser wunderbar entspannen und regenerieren. Gespeist wird das sehr schön im Kurpark liegende Jodsole-Becken von einer natürlichen Jodquelle in 85 m Tiefe. So klingt ein perfekter Tag wunderbar aus!

Über Wiesenhänge geht es aufwärts.

sonst hat man auf rund 1000 Metern Höhe eine solch fantastische Aussicht? Da verzichtet man gern auf das Gipfelkreuz.

Ausgangs- und Endpunkt der Wanderung ist der Wanderparkplatz bei Grundern, in der Nähe der Reiserlifte. Gegenüber beginnt der Aufstieg, zunächst auf einem bequemen Schotterweg, der sich wenig später gabelt: Wir halten uns links und wandern nun auf dem Sonntratensteig – die anspruchsvollere und landschaftlich schönere Aufstiegsvariante. Zunächst geht es noch relativ flach über üppige Wiesen bergauf, doch das wird sich bald ändern.

Der Weg wird nun steiler und steiniger und ähnelt mehr einem alpinen Pfad. In engen Serpentinen wandern wir über Steine, Wurzeln und Stufen aufwärts, vorbei an ausgedehnten Weideflächen mit schönem Blick auf das gegenüberliegende Brauneck. Mehrere Schilder weisen uns darauf hin, auf dem Weg zu bleiben, um Erosionsschäden zu vermeiden.

Kurz nach einer Hütte teilt sich unser Weg; auch dieses Mal halten wir uns links und wandern weiter bergauf in Richtung Waldrand. Ein kurzes Stück geht es durch den Wald, bis wir schließlich die letzten Meter zum Gipfel vor uns haben. Wir lassen den Blick über das unter uns liegende Isartal bei Gaißach schweifen, wo uns die fast symmetrisch angelegten Hecken auffallen. Sie wurden früher als Grenzen zwischen den Weidegebieten und als Windfang angelegt; mittlerweile gelten die von den Einheimischen »Traten« genannten Hecken als Naturdenkmäler.

Wenig später sind wir oben angekommen und haben nun die Wahl, uns entweder auf der sonnigen Bank oder auf der Wiese niederzulassen, um den traumhaften Blick und unsere nun wohlverdiente Brotzeit zu genießen. Vor uns liegen Bad Tölz und der Starnberger See, im Rücken haben wir Lenggries und das Karwendel, im Süden reihen sich die Gipfel des Karwendels aneinander – was für ein Platz! Man könnte stundenlang hier sitzen, um die Stille und diese beeindruckende Naturkulisse zu genießen.

Der Abstieg erfolgt auf demselben Weg wie der Aufstieg – geht aber deutlich schneller …

9 Von Lenggries auf die Denkalm

Beliebtes Feierabendziel der Einheimischen

leicht · 2.15 Std. · ca. 6 km · 370 Hm

Ausgangs-/Endpunkt
Lenggries (679 m), Kirche

Anfahrt
A 8 München–Salzburg bis Ausfahrt Holzkirchen, dann B 13 nach Lenggries; Parkplätze im Ort. Bahnverbindung München nach Lenggries (BOB)

Wegverlauf
Lenggries – Keilkopf – Denkalm – Lenggries

Beste Jahreszeit
Ganzjährig

Essen und Trinken
Denkalm, ganzjährig geöffnet, Mi/Do Ruhetage

Information
Gästeinformation Lenggries, Rathausplatz 2, 83661 Lenggries, Tel. 08042/500 88 00, www.lenggries.de

Wer gern die Abendsonne genießt, sollte sich am Nachmittag auf den Weg zur Denkalm hoch über Lenggries machen, denn die gemütliche Alm mit ihrer schönen Terrasse ist nach Westen hin ausgerichtet. Der Aufstieg ist nicht schwierig und verläuft durchweg auf einer breiten Forststraße. Dennoch ist die Aussicht über den Isarwinkel mit Brauneck und Benediktenwand famos.

Sie fühlen sich noch nicht fit genug für eine »richtige« Bergtour, möchten sich aber dennoch in den Bergen bewegen und auch ein wenig anstrengen? Dann ist der Aufstieg zur Denkalm über Lenggries genau das Richtige für Sie! Los geht's am Parkplatz in Lenggries in der Bachmairgasse. Von dort steigen wir auf einem bequemen, ausgeschilderten Wanderweg vorbei an Wiesen und Feldern sanft bergan, bis wir zu einer hölzernen Brücke kommen, die uns über den Tratenbach bringt. Dort verzweigt sich der Weg; links führt der direkte Weg in etwa 45 Minuten zur Denkalm.

Die Denkalm mit ihrer nach Südwesten ausgerichteten Sonnenterrasse

Wussten Sie schon …

… dass Lenggries mit einer Fläche von 242 km² die größte Gemeinde Bayerns ist? Der Ortsname »Lenggries« tauchte übrigens zum ersten Mal 1257 schriftlich auf und lässt sich von »langem Gries«, also von den riesigen Kiesbänken an der Isar, ableiten. Im Juni 1905 nahm die erste »Kraftpostlinie« Deutschlands ihren ständigen Betrieb zwischen Bad Tölz und Lenggries auf, und 1924 wurde Lenggries an das Bahnnetz angeschlossen – spätestens jetzt avancierte der Ort zum beliebten Touristen- und Urlauberziel, woran sich bis heute wenig geändert hat, auch wenn Lenggries immer ein wenig im Schatten von seinem größeren Ortsnachbarn Bad Tölz steht.

Wir folgen jedoch dem rechten Weg, der uns in ca. 70 Minuten über den Keilkopf zur Denkalm bringt. Schließlich wollen wir uns ja ein wenig anstrengen und ein paar Kalorien verbrennen! Anfangs steigt der breite Waldweg noch gemütlich an, wenig später überqueren wir erneut den Tratenbach. Danach zweigt unser Weg erneut nach links ab und wird nun schmaler und steiler.

Bald haben wir den höchsten Punkt unserer Wanderung erreicht und kommen über eine Almwiese zu unserem Ziel, der gemütlichen Denkalm.

Für den Rückweg nehmen wir die bequeme Forststraße, die uns auf direktem Weg zurück nach Lenggries bringt.

Ayurveda in Lenggries

Sie möchten sich einmal so richtig verwöhnen lassen und dabei noch etwas für Ihre Figur tun? Dann empfehlen wir Ihnen das Wellness-Stüberl von Elke Stern in Lenggries in der Edelweißstr. 2 (Tel. 08042/97 88 79). Hier erwarten Sie nicht nur verschiedene Massagen nach der ayurvedischen Lehre, hier werden Sie auch fachgerecht beraten, wenn es um die Aktivierung des Stoffwechsels und um eine Gewichtsreduktion geht.

10 Zur Königsalpe im Oberallgäu

Im Bergstättgebiet über Weitnau und Missen

● 🕐 🚶km ⛰
leicht 2.30 Std. ca. 6 km ca. 84 Hm

Ausgangs-/Endpunkt
Aigis bei Missen (911 m)

Anfahrt
A 96 München–Lindau bis Ausfahrt Jengen/Kaufbeuren, dann B 12 Richtung Jengen/Kaufbeuren, über Auffahrt Füssen/Lindau auf die A 7, bis Ausfahrt Dreieck Allgäu, dann auf A 980 Richtung Lindau/Oberstdorf bis zur B 12, dort links Richtung Seltmans, weiter zur Alpgaustraße, dort rechts und hinter Sibratshofen links, in Unterwilhams rechts nach Aigis; dort Parkplatz an der Kapelle. Bahnverbindung München–Kempten, von Kempten Bus nach Isny bis Haltestelle »Seltmans-Ortsmitte, Weitnau«, dann Bus Richtung Missen bis Haltestelle »Aigis«

Wegverlauf
Aigis – Geratsried – Trabers – Jugetach – Königsalpe – Aigis

Beste Jahreszeit
Sommer bis Frühherbst

Essen und Trinken
Königsalpe, Mittelhofen 1, 88167 Stiefenhofen, Tel. 08386/71 77 bzw. 0175/527 71 20, www.landhaus-haflingerhof.de

Information
Tourismus- und Kulturverein Missen-Wilhams e. V., Hauptstr. 45, 87547 Missen-Wilhams, Tel. 08320/456, www.missen-wilhams-tourismus.de

Besonders reizvoll ist diese Wanderung im Hochsommer oder Frühherbst, wenn über 300 Jungrinder auf den blumen- und kräuterreichen Wiesen weiden. Denn die Königsalpe ist eine echte Galtviehalpe: 28 Bauern schicken ihre Jungrinder hierher in den »Sommerurlaub«. Dazu kommen noch die hauseigenen Haflinger – an Tieren mangelt es der Königsalpe also nicht …

Eine ausgeblichene Übersichtstafel am Parkplatz in Aigis informiert uns über das Wandergebiet rund um das Dörfchen. Wir orientieren uns kurz und folgen dann der schmalen Teerstraße nach links leicht ansteigend bergauf. Die Königsalpe ist hier bereits ausgeschildert, verlaufen können wir uns also nicht. Doch erst liegen noch rund 1.15 Stunden Gehzeit vor uns.

Der Weg führt an fruchtbaren Wiesen und Weiden vorbei, dahinter erheben sich die sanften, bewaldeten Hügel des Allgäuer Voralpenlands – wahrlich eine Landschaft, in der man den stressigen Alltag schnell hinter sich lassen kann.

Doch zur Entspannung gehört auch die Anstrengung, wie der weitere Verlauf unseres nach Westen führenden Weges zeigt. Er geht in einen breiteren

Zur Alpe gehört die kleine Bonaventura-Kapelle, in der alljährlich Ende Juli das Kapellenfest gefeiert wird.

Schotterweg über, der stetig auf- und abführt. Links vor uns liegt der Galtviehschachen, ein kleines Waldstück, umgeben von Weideflächen für das »Galtvieh«, wie Jungrinder im Allgäu genannt werden. Unser Weg bringt uns in den Schachen hinein, und wir wandern angenehm schattig im lichten Mischwald weiter, bis wenig später linker Hand die Hirschgernalpe auftaucht.

An der Wegkreuzung halten wir uns links, und zur Abwechslung geht es nun in mehreren Kurven bergab – zwischendurch auch mal ganz schön steil. Wunderbar ruhig ist es hier, man hört nur das Gezwitscher der Vögel. Bald gesellt sich das sanfte Plätschern eines Bachs, der Jugetach, dazu, dem sich unser Weg in schmalen Kurven nähert.

Auf einer halb offenen Holzbrücke überqueren wir die Jugetach und folgen dem schmalen Pfad, der über Wurzeln und Steine, dann über Stufen steil und kurvig bergauf führt. Dieser Wegabschnitt ist der anstrengendste der ganzen Tour, hier ist Durchhaltevermögen gefragt! Immer schön an die dahinschmelzenden Pfunde denken ...

Ein Gatter führt uns aus dem Wald heraus auf einen schmalen, sanft ansteigenden Fußweg. Im Sommer sind wir hier nicht allein, denn auf den Weiden tummelt sich dann das Jungvieh. Leicht erhöht taucht vor uns die Bullenalpe auf; von hier sind es nur noch wenige Minuten bis zur Königsalpe.

Dort angekommen, lassen wir uns im kleinen Biergarten nieder und genießen den wunderbaren Blick über das Allgäuer Voralpenland mit seinen grünen Weiden und Wäldern; im Hintergrund sehen wir die Nagelfluhkette mit dem markanten Gipfel des Hochgrat.

Der Abstieg erfolgt auf dem gleichen Weg wie der Aufstieg.

Ausnahmsweise mal ein Auge zudrücken – wer würde das nicht gerne angesichts dieses deftigen Schmankerltellers?

Pferde auf der Königsalpe

Der Viehscheid, Höhepunkt des Alpjahres

Jedes Jahr im Herbst, wenn der »Sommerurlaub« der Jungrinder zu Ende ist, werden die Tiere prächtig geschmückt von der Königsalpe und der benachbarten »Roten Heide« hinunter ins Tal getrieben. Das genaue Datum hängt vom Wetter und vom Zustand der Weiden ab und steht meist Anfang September fest.

Märchenpalast: das Schloss Neuschwanstein bei Füssen

Für Fortgeschrittene

11 Von Mittenwald zur Mittenwalder Hütte

Das Karwendelgebirge als großartige Kulisse

mittel | 3 Std. | 6 km | 586 Hm

Ausgangs-/Endpunkt
Talstation der Karwendelbahn in Mittenwald (950 m)

Anfahrt
A 95 München–Garmisch bis Autobahnende, dann B 2 nach Garmisch-Partenkirchen, weiter Richtung Mittenwald und dort zum Parkplatz der Karwendelbahn. Bahnverbindung München–Mittenwald und vom Bahnhof ca. 10 Min. Fußweg zur Karwendelbahn

Wegverlauf
Talstation der Seilbahn – Raineck – Mittenwalder Hütte – Raineck – Talstation der Seilbahn

Beste Jahreszeit
Frühsommer bis Herbst

Essen und Trinken
Mittenwalder Hütte, 82481 Mittenwald, Tel. 0172/855 88 77, www.mittenwalder-huette.de

Information
Tourist-Information Mittenwald, Dammkarstr. 3, 82481 Mittenwald, Tel. 08823/339 81, www.mittenwald.de

Die Bergtour zur Mittenwalder Hütte ist wunderschön, aber nicht ganz einfach. Einzelne Stellen sind exponiert, jedoch durch ein Drahtseil gut abgesichert. Dennoch sollte man trittsicher und möglichst schwindelfrei sein, wenn man sich auf den Weg zur Hütte macht, die auf über 1500 Metern Höhe in den Felsen der Karwendelspitze steht. Doch die Mühen des Aufstiegs werden durch das großartige Panorama mehr als belohnt.

Mittenwalds freskierte Pfarrkirche St. Peter und Paul vor dem Karwendelmassiv

Das Café Lautersee-Alm lockt gleich am Anfang der Tour zu einer Einkehr

Ausgangspunkt dieser reizvollen Bergtour ist der Parkplatz bei der Talstation der Karwendelbahn. Gleich gegenüber weist ein erstes Schild auf den Weg zur Mittenwalder Hütte hin; den eigentlichen Einstieg erreicht man über die Unterführung unterhalb der Straße. Der Weg führt nach rechts, und wir wandern in einem trockenen und steinigen Bachlauf zunächst nur leicht bergauf. Am Fuß des mächtigen Karwendels überqueren wir einen reißenden Bach, danach verläuft unser kurvenreicher Weg durch den Wald und wird im weiteren Verlauf immer schmaler und steiler.

Teilweise gehen wir auf felsigem Untergrund, teils über Stufen bergauf. Einige besonders knifflige Stellen sind mit einem Drahtseil abgesichert. An diesen Stellen sind Trittsicherheit und Schwindelfreiheit gefordert. Wem leicht schwindelig wird, der hält sich am Seil fest und vermeidet den Blick nach unten. Doch keine Sorge, damit haben wir den schwierigsten Teil des Aufstiegs geschafft!

Wenig später erreichen wir unter der Seilbahn hindurch die auf 1518 Metern Höhe gelegene Mittenwalder Hütte – wie ein Adlerhorst thront sie am Karwendel hoch über Mittenwald.

Wir lassen uns auf der schönen Terrasse nieder und genießen die eindrucksvollen Ausblicke auf Mittenwald und den dahinter liegenden Lautersee, sowie auf die Miemingerkette, das Wettersteingebirge und die Ammergauer Alpen bis hin zum Estergebirge. Wenn das Wetter nicht so mitspielt, setzen wir uns in die gemütliche Stube und freuen uns über die freundlichen neuen Wirtsleute und das einfache, aber gute Essen. Ob wir uns heute mal ein Stück Kuchen gönnen?

Der Abstieg erfolgt auf dem gleichen Weg wie der Aufstieg.

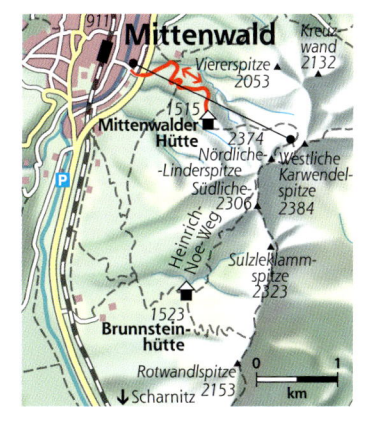

Entspannen im Karwendelbad

Verführerisch ist auch die Idee, nach der Bergtour in die Sauna des Karwendelbads in Mittenwald (Dammkarstr. 6) zu gehen: Ob Dampfbad, Bio-Saunarium oder finnische Sauna – für Entspannung und wohltuende Stunden ist gesorgt!

12 Auf den Hohen Kranzberg bei Mittenwald

Imposante Gipfel und drei zauberhafte Seen

leicht bis mittel | 3.30 Std. | 10 km | 450 Hm

Ausgangs-/Endpunkt
Talstation des Kranzberg-Sessellifts (980 m) in Mittenwald

Anfahrt
A 95 München–Garmisch bis Autobahnende, dann B 2 nach Garmisch-Partenkirchen, weiter Richtung Mittenwald, dort der Ausschilderung zum Kranzberglift folgen und zum Parkplatz an der Talstation. Bahnverbindung München–Mittenwald, vom Bahnhof Bus zur Talstation

Wegverlauf
Talstation Kranzberglift – Berghotel-Café Latscheneck – Bödele – Lautersee – Ferchensee – Kranzberghaus – Wildensee – Talstation Kranzberglift

Beste Jahreszeit
Ganzjährig

Essen und Trinken
Gaststätten am Lauter- und am Ferchensee; Kranzberghaus

Information
Tourist-Information Mittenwald, Dammkarstr. 3, 82481 Mittenwald, Tel. 08823/339 81, www.mittenwald.de

Eine Landschaft wie aus dem Bilderbuch lernen wir auf dieser traumhaften Rundwanderung ab Mittenwald kennen. Denn auf welcher Bergtour erlebt man neben eindrucksvollen Gebirgsmassiven auch noch drei Naturseen? Doch nicht nur im Sommer, zur Badezeit, hat die Tour ihren Reiz – sie ist rund ums Jahr zu empfehlen, auch als Winterwanderung.

Am südlichen Ende des Parkplatzes folgen wir dem Wegweiser Richtung Kranzberg und laufen ein schmales Asphaltsträßchen bergauf bis zum Berghotel-Café Latscheneck. Hier beginnt ein breiter Höhenweg, der uns in lichten Bergwald und später auf eine kleine Streuobstwiese bringt, von der wir einen schönen Blick auf die Hohe Wettersteinspitze haben.

Im Folgenden geht es ein Stück bergab, bis wir schließlich den zauberhaften Lautersee erreichen. Wer möchte, streckt an heißen Sommertagen die Füße zur Abkühlung ins Wasser.

Vorbei am Café Lautersee-Alm und wenig später auch am Café Seehof wandern wir am See entlang und widerstehen sämtlichen Kuchen- und Tortenversuchungen. Bald haben wir den Wegweiser Richtung Ferchensee, un-

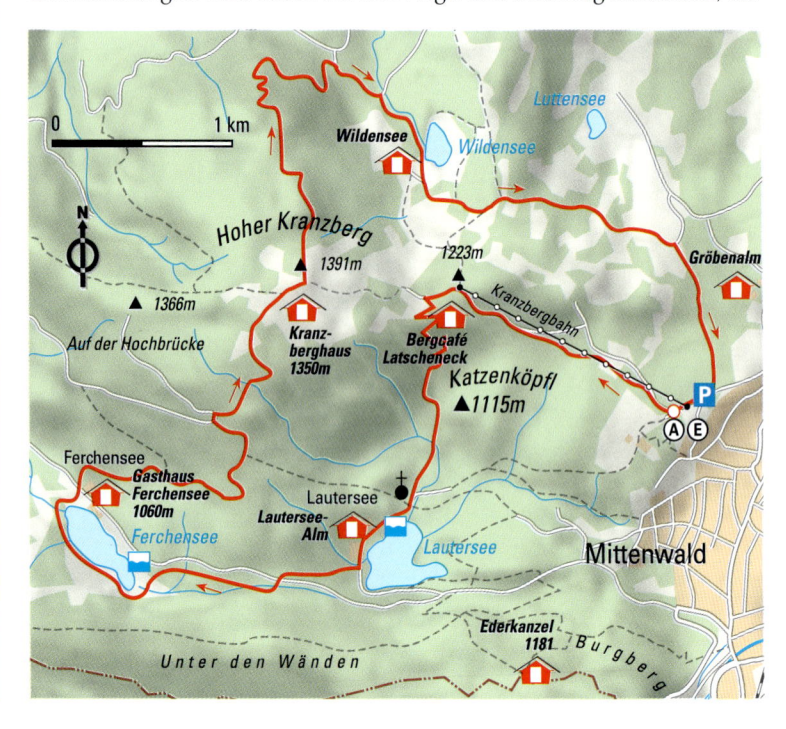

Am Ferchensee gibt es eine idyllische Einkehrmöglichkeit.

84

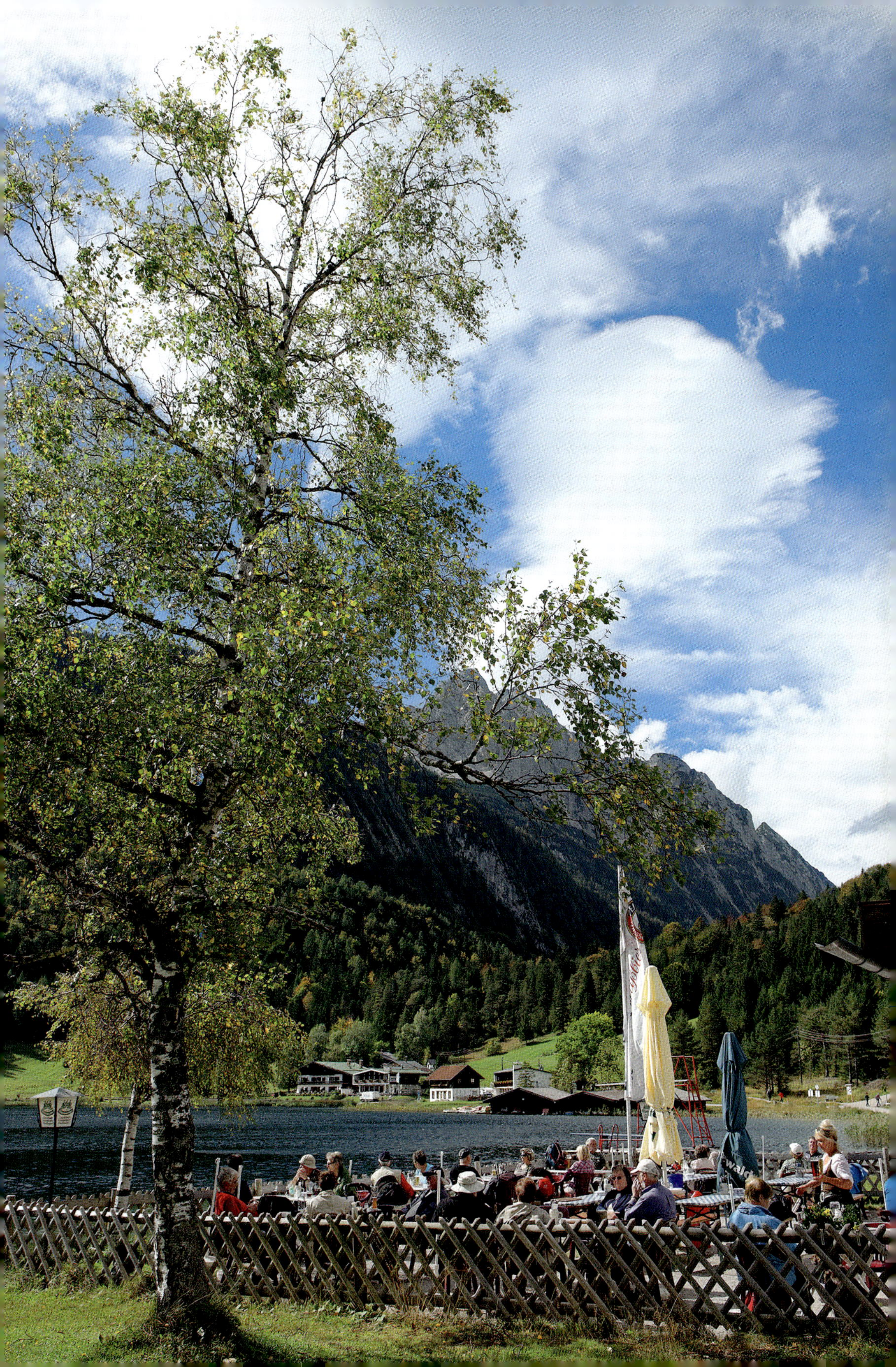

Über die blühenden Wiesen zum Wildensee

serem nächsten Etappenziel, erreicht und steigen auf Stufen bergan, um kurz danach wieder bergab zu gehen.

Wenig später liegt der Ferchensee auf 1060 Metern Höhe vor uns, direkt zu Füßen des Wettersteinmassivs. Kein Wunder, dass ihn viele für den schönsten der Mittenwalder Seen halten. Im Sommer ist jetzt eine Abkühlung im Wasser angesagt – nahezu der gesamte Bereich vom Nord- und Südufer ist zum Baden freigegeben. Im Frühjahr oder Herbst setzen wir uns ans Ufer und lassen die fast geheimnisvoll wirkende Atmosphäre dieses Sees auf uns wirken.

Natürlich gibt es auch am Ferchensee eine Einkehrmöglichkeit, die wir jedoch ebenfalls links liegen lassen. Stattdessen folgen wir der Ausschilderung Richtung Kranzberg. Anfangs führt der Wanderweg nur mäßig bergauf, später wird der Anstieg steiler, und wir kommen durch schönen Mischwald und erneut auf den Forstweg. Dort folgen wir der Ausschilderung und halten uns dann an einer Weggabelung rechts.

Wenig später kommen wir aus dem Wald heraus, und nach ein paar Minuten sind wir am Kranzberghaus auf 1350 Metern Höhe angelangt. Von dort sind es nur noch wenige Schritte bis zum kleinen, mit Gras bewachsenen Gipfel des Kranzbergs.

Obwohl er nur 1391 Meter hoch ist, braucht sein 360°-Panorama den Vergleich mit so manch höherem Gipfel nicht zu scheuen. Oder sind Sie anderer Meinung angesichts des großartigen Rundblicks auf das Wettersteinmassiv und auf die Gipfel des Karwendelgebirges?

Ein Wochenende auf der Gröblalm

Wenn Sie die Touren Nr. 11 und 12 miteinander kombinieren wollen, schlagen wir Ihnen ein entspanntes Wochenende im Hotel Gröblalm vor. Die hauseigene kleine Wellness-Oase mit Sauna und Infrarotkabine tut bestimmt gut nach einem Tag an der frischen Luft in den Bergen. Alpengasthof Gröblalm, Gröblalm 1–3, 82481 Mittenwald, Tel. 08823/91 10, www.groeblalm.de

Für den Abstieg folgen wir dem Wegweiser »Wildensee«, steigen nach Norden ab, um wenig später nach links in den Bergwald zu gehen. Wir folgen dem Weg, bis wir eine Asphaltstraße erreichen, die uns weiter talwärts führt, immer dem Wegweiser nach. Gemütlich wandern wir auf der Forststraße zum Wildensee auf 1136 Metern Höhe, wo wir noch mal einen traumhaften Blick auf das Karwendelgebirge genießen, uns aber nicht länger aufhalten, sondern der Teerstraße Richtung Mittenwald folgen.

Beim Abzweig Gröblalm halten wir uns rechts und wandern auf einem schönen und leicht zu gehenden Höhenweg mit Blick auf Mittenwald zum Parkplatz zurück.

Die kleine Kapelle Maria Königin vor dem Wetterstein

13 Von Schliersee zur Gindelalmschneid

Traumziel zwischen Schliersee und Tegernsee

mittel | 3 Std. | 12 km | 500 Hm

Ausgangs-/Endpunkt
Wanderparkplatz (834 m) bei Breitenbach am Schliersee

Anfahrt
A 8 München–Salzburg bis Ausfahrt Weyarn, dann B 307 über Miesbach bis Schliersee, nach dem Ortsausgang rechts über die Bahngleise auf die Breitenbachstraße und bis zum Wanderparkplatz. Bahnverbindung München nach Schliersee (BOB), vom Bahnhof zur Breitenbachstraße, dann zum Wanderparkplatz

Wegverlauf
Wanderparkplatz – Hennererhütte – Gindelam – Gindelalmschneid – Wanderparkplatz bzw. Abstieg nach Tegernsee

Beste Jahreszeit
Frühjahr bis Herbst

Essen und Trinken
Alle drei Gindelalmen sind bewirtschaftet.

Information
Tegernseer Tal Tourismus, Hauptstr. 2, 83684 Tegernsee, Tel. 08022/92 73 80, www.tegernsee.com

Die Region rund um Schlier- und Tegernsee gehört mit zu dem Schönsten, was das bayerische Voralpenland zu bieten hat. Entsprechend gut besucht sind viele Ziele (nicht nur) an Sommerwochenenden. Allerdings liegt der Tegernsee in der Gunst der Besucher noch vor seinem kleineren Bruder, dem Schliersee. Das machen wir uns zunutze und starten unsere schöne Bergtour ebendort.

Ausgangspunkt dieser landschaftlich besonders schönen Wanderung ist der Wanderparkplatz hinter Breitenbach am Schliersee. Das erste Stück wandern wir auf einem bequemen, breiten und nur leicht ansteigenden Wanderweg, vorbei an der Hennererhütte und der Ausschilderung »Gindelalm« folgend. Schon bald biegt unser Weg nach links in den Wald ab, und vor allem an heißen Sommertagen sind wir dankbar für die Bäume, die uns angenehmen Schatten bieten.

Wir halten uns immer geradeaus und überqueren im weiteren Verlauf einen Bach, den Waldbach. Danach wird unser Weg etwas kurviger – im Winter verläuft hier die Rodelbahn – und steigt auch steiler an. Wir laufen ein gutes Stück bergauf und kommen ordentlich ins Schwitzen.

Doch dann ist es schon so weit: Wir haben den Waldausgang erreicht und stehen bereits vor einer der drei Hütten der Gindelalm. Aber noch kehren wir nicht ein, auch wenn es angesichts der Sonnenterrasse und des schönen Blicks auf den Schliersee und auf die bayerischen Voralpen schwerfällt.

Unser Ziel ist der bereits sichtbare Gipfel der Gindelalmschneid mit seinem mächtigen Gipfelkreuz in 1335 Metern Höhe, das wir nach einem weiteren,

Der Schliersee mit Nebelschwaden

Schönheitsfarm am Tegernsee

Auch am Tegernsee, der »Wiege der Wellness«, können Sie sich verwöhnen lassen, z. B. ganz klassisch bei Gertraud Gruber, die hier bereits 1955 die erste Schönheitsfarm Europas gründete. Sie können zwischen verschiedenen Tagesangeboten wählen, darunter einer Körperlymphdrainage, bei der das Bindegewebe behutsam entschlackt wird. Schönheitsfarm Gertraud Gruber, Berta-Morena-Weg 1, 83700 Rottach-Egern, Tel. 08022/27 40

kurzen Anstieg über Almwiesen erreichen. Es ist zwar kein markanter Alpengipfel, sondern eher eine breite Anhöhe, doch der Ausblick reicht weit ins bayerische Voralpenland, über den Tegernsee und den Schliersee bis nach München, und im Süden machen wir den bayerischen und den österreichischen Alpenkamm aus.

Links: Nur unter der Woche ist es so ruhig auf der Alm.
Rechts: Der Weg über das Gipfelkreuz am Kreuzberg ist eine schöne Abstiegsalternative.

Für den Abstieg wandern wir zunächst zu den beiden anderen Almen – spätestens jetzt ist vermutlich eine gemütliche Einkehr fällig, oder? Nach der entspannenden Pause und einer kleinen Brotzeit folgen wir kurz vor unserem Aufstiegsweg bergab der Ausschilderung »Über Huberspitz zum Schliersee«. Wir wandern gemütlich am Bergrücken entlang, halten uns an einer Weggabelung rechts und bleiben danach auf dem breiten Forstweg, sämtliche Abzweiger ignorierend.

Schließlich erreichen wir den Gasthof Huberspitz, vor dem ein schmaler Pfad nach Schliersee führt. Der recht steile Jägersteig geht ordentlich in die Beine! Später kommen wir auf einen breiteren Weg, wo wir uns links halten, bis wir wenig später rechts gehen und aus dem Wald kommen. Unser Weg führt weiter über Wiesen und durch eine kleine Siedlung zu der Straße, die wir bereits vom Aufstieg kennen und über die wir wenig später zum Ausgangspunkt zurück gelangen.

Alternativer Rückweg zum Tegernsee: Wer mit der BOB an den Schliersee gefahren ist, hat für den Rückweg eine reizvolle Variante, nämlich den Abstieg nach Tegernsee, wo man ebenfalls mit der BOB Richtung München zurückfahren kann. Zwei verschiedene Wege bieten sich an: über den Riederstein und das Gasthaus Galaun (2 Std.) oder über die Neureuth zum Tegernsee (2 Std. – dieser Abstieg ist allerdings ziemlich steil).

14 Wanderung zur Lenggrieser Hütte

Traumhafter Karwendel- und Wettersteinblick

leicht bis mittel · 3.45 Std. · ca. 9 km · 659 Hm

Ausgangs-/Endpunkt
Lenggries, Ortsteil Anger (679 m)

Anfahrt
A 8 München–Salzburg bis Ausfahrt Holzkirchen, dann B 13 nach Lenggries, Richtung Hohenburg und zum Parkplatz im Ortsteil Anger. Bahnverbindung München nach Lenggries (BOB), vom Bahnhof Bus Richtung Parkplatz

Wegverlauf
Lenggries/Schloss Hohenburg – Hirschbachtal – Sulzersteig – Lenggrieser Hütte

Beste Jahreszeit
Ganzjährig

Essen und Trinken
Lenggrieser Hütte,
Tel. 0175/596 28 09,
www.lenggrieser-huette.de

Information
Gäste-Information,
Rathausplatz 2, 83661 Lenggries,
Tel. 08042/501 80,
www.lenggries.de

Die gemütliche Lenggrieser Hütte liegt wunderschön im Isarwinkel, am Rand eines Kessels westlich vom Seekarkreuz. Wer nach dem Aufstieg noch ausreichend Energie und Puste hat, bezwingt gleich noch das 1601 Meter hohe Seekarkreuz – und hat damit einen richtigen Gipfel in den bayerischen Voralpen erklommen, nicht »nur« eine Hütte.

Der kürzeste Aufstieg zur Lenggrieser Hütte führt durch das Hirschbachtal und später über den Sulzersteig. Der Weg ist gut markiert und landschaftlich reizvoll. Vom Parkplatz hinter dem Schloss Hohenburg folgen wir der Ausschilderung Richtung Lenggrieser Hütte/Sulzersteig und wandern zunächst gemütlich auf einem Forstweg durch den Wald, am Hirschbach entlang.

Nach einer kleinen Diensthütte erreichen wir den Abzweig rechts zur Lenggrieser Hütte über den Sulzersteig. Links verläuft der Winterweg, über den die Hütte auch im Winter auf einer schönen Wanderung zu erreichen ist.

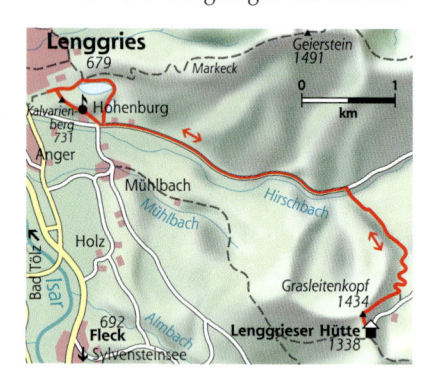

Wir nehmen den Sulzersteig, einen schmalen Weg, der teilweise recht steil und über Stufen durch den Wald bergauf führt. Wenn es geregnet hat, ist der Steig oft rutschig, daher sind Stöcke hier hilfreich. Der Weg zum Hirsch-

Die Lenggrieser Hütte

bachsattel wird nun deutlich steiler, sodass wir ganz schön ins Schwitzen kommen – doch genau das wollen wir ja erreichen …

Ab dem Hirschbachsattel geht es dann fast eben weiter. Wir haben nun zwar noch ein Stück Weg vor uns, aber nur noch eine geringe Höhendifferenz zu überwinden, dann haben wir es geschafft und sind bei der Lenggrieser Hütte angekommen. Die Hütte ist fast das ganze Jahr über bewirtschaftet, die Speisekarte ist einfach und das Essen ausgezeichnet, und die Wirtsleute sind freundlich. Außerdem ist der Ausblick über den Isarwinkel durchaus beeindruckend, obwohl wir gar nicht so hoch sind, schließlich liegt die Hütte nur auf 1338 Metern Höhe.

Aber manchmal ist das Glück so nah: Auf der Südterrasse der Lenggrieser Hütte zu sitzen, den traumhaften Blick auf Karwendel- und Wettersteingebirge zu genießen, eine kühle Apfelschorle zu trinken und – ausnahmsweise – eine Speckknödelsuppe zu verkosten …

Der gelernte Metzger und Gastronom Ewald Kirsche erzählt: »Wir haben die Hütte im Oktober 2007 übernommen und achten darauf, möglichst alle Produkte in der Region zu kaufen. Unseren Metzger und den Bäcker haben wir in Lenggries gefunden, den Käse und die Milchprodukte beziehen wir von unseren Almbauern. Und unser Bier kommt vom Kloster Reutberg.«

Die Mischung aus guter Küche, vernünftigen Preisen und anständigen Portionen kommt gut an – kein Wunder, dass es auf der Lenggrieser Hütte oft entsprechend voll ist!

Aufstieg zum Seekarkreuz: Wer vor der gemütlichen Einkehr noch Energie übrig hat, der nimmt noch den Aufstieg zum Gipfel des 1601 Meter hohen Seekarkreuzes in Angriff – das sind noch einmal gut 250 Höhenmeter, für die man etwa 45 Minuten (einfach) veranschlagen sollte. Der Weg verläuft relativ steil zuerst über einen breiten Rücken im Wald, danach über den grasigen Grat zum Gipfel mit Kreuz. Der Rückweg zur Hütte erfolgt auf demselben Weg.

Abstieg Für den Abstieg wählen wir die kurvenreiche, aber bequem zu gehende Variante über den Sulzersteig. Dafür folgen wir zunächst dem Fahrweg in Richtung Seekar-Alm und danach der Ausschilderung nach Lenggries. Sobald wir die Forststraße im Hirschbachtal erreichen, gehen wir nach links und am Bach entlang zu unserem Ausgangspunkt.

Saunalandschaft »Isargrotte«

Auch Nicht-Hotelgästen steht die traumhafte Saunalandschaft »Isargrotte« im Arabella Brauneck Hotel in Lenggries offen. Verschiedene Saunen, ein Dampfbad und Whirlpools sorgen für Entspannung und Wohlbefinden. Arabella Brauneck Hotel, Münchner Str. 25, 83661 Lenggries, Tel. 08042/50 20, www.arabella-braunechhotel.com

Rita und Ewald Kirschke, die Hüttenwirte der Lenggrieser Hütte

Der Aufstieg zur Lenggrieser Hütte ist nicht schwer, aber sehr abwechslungsreich.

15 Rundwanderung über das Feichteck

Auf stillen Wegen und Pfaden zum Gipfel

mittel | 4 Std. | ca. 10 km | 608 Hm

Ausgangs-/Endpunkt
Waldparkplatz Gammern (880 m)

Anfahrt
A 8 München–Salzburg bis Ausfahrt Achenmühle/Samerberg, in Achenmühle rechts bis Essbaum, bei der Kapelle links nach Holzmann, links nach Duft und rechts auf einem Waldweg zum Parkplatz. Bahnverbindung München–Rosenheim, ab Rosenheim Bus nach Grainbach, von dort Fußweg zum Waldparkplatz

Wegverlauf
Waldparkplatz – Wagner-Alm – Pölcher-Alm – Feichteck-Alm – Feichteck-Sattel – Jagdhaus Sachrinnstein – Waldparkplatz

Beste Jahreszeit
Frühjahr bis Herbst

Essen und Trinken
Feichteck-Alm, Schilding 2, 83122 Samerberg, Tel. 08032/87 22

Information
Gäste-Information, Dorfplatz 3, 83122 Samerberg, Tel. 08032/86 06, www.samerberg.de

Weniger bekannt und demzufolge auch weniger besucht als der benachbarte Hochriesgipfel ist das 1514 Meter hohe Feichteck, das zur Gemeinde Samerberg gehört und sich im nordwestlichen Randbereich der Chiemgauer Alpen erhebt. Dabei hat man vom Gipfel eine wunderbare Rundumsicht, u. a. auf das Inntal und den Spitzstein und an klaren Tagen sogar bis nach Wasserburg und München.

Der Einstieg in unsere Rundwanderung befindet sich am nördlichen Ende des Parkplatzes und ist mit dem Wegweiser »Feichteck/Wagner-Alm« unübersehbar ausgeschildert. Zunächst gehen wir ein kurzes Stück auf der Forststraße bergauf und vorbei an der privat genutzten Stiegel-Alm. Der Weg steigt gleich recht steil an – das geht in die Beine und verlangt Kondition!
An der Weggabelung halten wir uns halb links und kommen dann auf einen schönen Almweg, der uns wenig später an der Wagner-Alm vorbeibringt. Zum Einkehren ist es noch zu früh, außerdem ist die Wagner-Alm sowieso nur am Wochenende geöffnet. Dafür genießen wir den weiten Ausblick auf das Inntal und den Heuberg – wenn wir Glück mit dem Wetter haben, reicht der Blick sogar bis nach München.
Wir gehen weiter bis zur Forststraße, die nach links bergauf führt und der wir ein gutes Stück folgen. An der Weggabelung halten wir uns links und kommen auf einem anfangs geteerten Almweg zur Feichteck-Alm. Jetzt haben wir uns eine Pause verdient und genießen die gute Brotzeit und das schöne Alpenpanorama!

An der Wagneralm am Feichteck haben wir einen tollen Blick auf den Heuberg.

Hinter Törwang bildet die Hochries und das Feichteck den Abschluss des Samerbergs.

Nach der gemütlichen Einkehr nehmen wir den Gipfel in Angriff – der steile Anstieg bringt uns noch einmal ordentlich ins Schwitzen. Denken Sie immer an die Kalorien, die Sie verbrennen, dann läuft es sich leichter.

Vom Gipfelkreuz in 1514 Metern Höhe genießen wir dann einen wunderbaren Blick auf den Geigelstein und das Fellhorn, den Spitzstein und das Kaisergebirge, weiter im Norden sehen wir den Samerberg, Rosenheim und den Simssee. Und gleich nebenan erhebt sich die Hochries, vielleicht das Ziel für unsere nächste Tour?

Weiter geht es zum Feichteck-Sattel, dort beginnt der bequeme Abstieg zum Wanderparkplatz. Anfangs wandern wir auf einer Forststraße, später auf einem Almweg, vorbei am Jagdhaus Sachrinnstein.

Das letzte Stück verläuft auf einer Forststraße talwärts, die auf den vom Aufstieg schon bekannten Almweg trifft. Wir halten uns rechts und erreichen wenig später, stetig bergab gehend, wieder unseren Ausgangspunkt, den Waldparkplatz.

Geführte Kräuterwanderungen

Sie wollen wissen, welche Blumen und Kräuter auf den Almwiesen rund um das Feichteck blühen? Dann machen Sie doch bei einer geführten Kräuterwanderung aufs Feichteck mit, bei der Sie nicht nur Frauenmantel, Johanniskraut und andere Pflanzen kennenlernen, sondern auch Nützliches und Interessantes über ihre heilende Wirkung erfahren. Informationen gibt's beim Chiemsee-Alpenland Tourismus, Tel. 08051/96 55 50, info@chiemsee-Alpenland.de.

16 Von Reit im Winkl zum Taubensee

Kleiner Abstecher nach Österreich

mittel | 4 Std. | ca. 10 km | 447 Hm

Ausgangs-/Endpunkt
Reit im Winkl, Wanderparkplatz im Ortsteil Birnbach (691 m)

Anfahrt
A 8 München–Salzburg bis Ausfahrt Bernau, dann B 305 nach Reit im Winkl. Bahnverbindung München–Prien, von Prien Regionalbahn nach Reit im Winkl

Wegverlauf
Birnbach – Wetterkreuz – Hutzenalm – Stoibenmöseralm – Taubensee – Stoibenmöseralm – Hutzenalm – Wetterkreuz – Birnbach

Beste Jahreszeit
Frühjahr bis Herbst

Essen und Trinken
Hutzenalm, 83242 Reit im Winkl, Tel. 08640/89 10 bzw. 0162/410 47 92

Information
Tourist-Information Reit im Winkl, Dorfstr. 38, 83242 Reit im Winkl, Tel. 08640/800 20, www.reitimwinkl.de

Diese reizvolle Rundwanderung führt vom bekannten Ferienort Reit im Winkl durch lichten Wald am Hausberg zum Aussichtspunkt Wetterkreuz und weiter über die Hutzenalm zum Taubensee an der österreichischen Grenze nordwestlich von Reit im Winkl. Im Sommer Badesachen nicht vergessen!

Ausgangspunkt unserer Bergwanderung zum Taubensee ist der Wanderparkplatz in Reit im Winkl im Ortsteil Birnbach. Vom Parkplatz aus ist der Weg zum Taubensee beschildert. Zunächst gehen wir auf breitem, asphaltiertem Weg mit gleichmäßiger, leichter Steigung bergauf. Wir wandern durch lichten Wald mit Waldkiefern, Felsenbirnen und Schneeheide, und je nach Jahreszeit entdecken wir am Wegesrand und an den Hängen Thymian, Fingerkraut und Akeleien.
Hätten Sie geahnt, dass dieser Wald ein Überbleibsel jener Steppenwälder ist, die vor der Eiszeit weite Teile Europas bedeckten? Seine typischen Pflanzen konnten auf steilen und trockenen Hängen überleben, die damals nicht vom Eis überzogen waren.

Über Serpentinen wandern wir bergauf und erreichen nach einer guten Stunde den Aussichtspunkt Wetterkreuz, wo uns eine Bank mit dem viel-

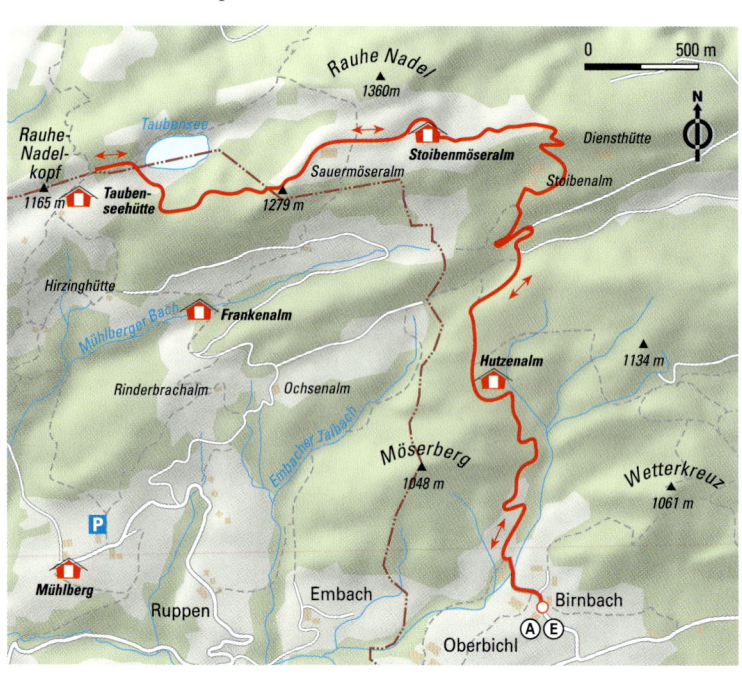

Krebse statt Tauben

Seinen Namen verdankt der Taubensee keineswegs Tauben, wie man vermuten könnte – der Name leitet sich vielmehr von »Daubbn« ab, wie man in dieser Gegend die Krebse nennt, die es heute noch im Taubensee gibt. Und noch ein Kuriosum: Mitten durch den See verläuft die Grenze zwischen Deutschland und Österreich. Wegen seiner idyllischen Lage in einer Senke der Rauhen Nadel wird der Taubensee übrigens auch »Auge des Chiemgaus« genannt.

Ausblick auf das Kaisergebirge oberhalb von Reit im Winkl in Richtung Taubensee

versprechenden Namen »Glocknerschau« zu einer Pause einlädt. Und der Name verspricht nicht zu viel: Tatsächlich haben wir eine wunderbare Aussicht auf die umliegenden Berge: im Südwesten auf Wilden und Zahmen Kaiser, im Süden auf Unterberg, das Kitzbühler Horn und dahinter die Gipfel der Hohen Tauern und im Südosten auf das Dürrnbachhorn, das Sonntagshorn und die Berchtesgadener Berge.

Über den kleinen Buckel des Möserbergs erreichen wir unser erstes Etappenziel, die urige und gemütliche Hutzenalm auf 1000 Metern Höhe. Doch noch kehren wir nicht ein, sondern folgen unserem Wanderweg in Richtung Taubensee. Erneut verdient der Bergwald unsere Aufmerksamkeit: Er ist ein für diese Höhenlage typischer Bergmischwald mit Fichten, Tannen, Buchen, Bergahorn, Eschen, Mehl- und Vogelbeeren.

Die Sauermöseralm

An einer Weggabelung endet der Weg, auf dem wir bisher unterwegs waren, und wir gehen zuerst leicht links, dann rechts weiter auf dem Weg Nr. 9. Er verläuft über schöne Almwiesen und vorbei an der bewirtschafteten Stoibenmöseralm, und schon sehen wir den Taubensee gut 100 Meter tiefer in einem Kessel liegen. Wenn wir bisher noch nicht eingekehrt sind, können wir dies auch im Gasthaus Taubensee tun, das wir über einen romantischen Uferweg am Nordufer entlang erreichen, wo wir die Grenze nach Österreich überqueren. Oder wir lassen uns am Ufer zu einer kleinen Rast nieder und springen im Sommer vielleicht ins erfrischende Nass.

Der Rückweg verläuft auf dem gleichen Weg wie der Hinweg – nur dass wir jetzt bei der Hutzenalm Station machen.

17 Von Bolsternang auf den Schwarzen Grat

Ein einmaliger Naturraum – die Adelegg

mittel 3.30 Std. ca. 10 km 496 Hm

Ausgangs-/Endpunkt
Klinik Überruh (622 m) bei Bolsternang

Anfahrt
A 96 München–Lindau bis Ausfahrt Jengen/Kaufbeuren, weiter Richtung Jengen/Kaufbeuren, über Auffahrt Füssen/Lindau auf die A 7, bei Ausfahrt Dreieck Allgäu auf die A 980 Richtung Lindau/Oberstdorf, links Richtung Seltmans, auf der St 2055 rechts, dann links über Toracker nach Bolsternang und dort der Ausschilderung zur Klinik Überruh folgen. Bahnverbindung München–Kempten, ab Kempten Bus nach Isny, dort Bus zur Klinik Überruh.

Wegverlauf
Bolsternang/Überruh – Holzleuter Grat – Schletteralpe – Schwarzer Grat – Rotwildlehrpfad – Bolsternang/Überruh

Beste Jahreszeit
Frühjahr bis Herbst

Essen und Trinken
Im Rucksack die eigene Brotzeit mitbringen! Die einzige (bescheidene) Einkehrmöglichkeit ist der Kiosk am Schwarzen Grat.

Information
Isny Marketing, Unterer Grabenweg 18, 88316 Isny im Allgäu, Tel. 07562/97 56 30, www.isny.de

Weithin sichtbar: der »Lug ins Land«, der 28,5 m hohe Aussichtsturm auf dem Schwarzen Grat

Viele Wege führen auf den 1118 Meter hohen Schwarzen Grat – wir wandern abseits der Touristenströme auf Forstwegen und schmalen Pfaden zum 28,5 Meter hohen Aussichtsturm am Schwarzen Grat. Unterwegs laden Hängematte und Nestschaukel zum Entspannen ein, oben erwarten Sie ein Panoramablick, ein Kiosk und viel Platz zum Picknicken.

Die landschaftlich reizvolle Rundwanderung beginnt am Ortsende von Bolsternang, vor dem Eingang zum Klinikgelände Überruh. Ein schmaler, ausgeschilderter Pfad führt ein kurzes Stück bergauf, um dann auf einen etwas erhöht verlaufenden, sonnigen Weg am Waldrand zu stoßen. Kurze Zeit später zweigt links ein steil ansteigender Weg Richtung Schletteralpe ab, dem wir folgen. Der Weg verlangt uns einiges ab, doch das ist ja unsere Absicht, denn ohne Schweiß kein Preis!
Der Schwarze Grat, das Ziel unserer Wanderung, liegt in der Adelegg, einem 112 Quadratkilometer großen Höhenrücken zwischen Kempten, Isny und Leutkirch. Das hügelige, von Tobeln zerfurchte Land ist ein alpiner Ausläufer der Nagelfluhkette und steht seit 1994 unter Landschaftsschutz.

Unser Weg stößt auf einen nach rechts führenden Schotterweg, der nur noch sanft bergauf bzw. eben verläuft – eine Wohltat nach dem recht steilen Aufstieg. An einer Bank nehmen wir den Pfad links in den Wald. Über Stock und Stein geht es durch lichten Mischwald, bis wir einen breiteren Schotterweg kreuzen. Wir folgen diesem exponierten, sonnigen Weg und erfahren auf einer Infotafel Wissenswertes über die Adelegg.

»Lug ins Land« – Aussichtsturm am Schwarzen Grat

Durch den Bau der Eisenbahnlinie Isny–Leutkirch im Jahr 1874 entdeckten Wanderer und Sommerfrischler den Schwarzen Grat als Ausflugsziel. Bereits um 1880 wurde an seiner höchsten Stelle ein Aussichtspavillon erbaut, der jedoch im Herbst 1967 durch einen Blitzeinschlag abbrannte. Der heutige 28,5 m hohe Holzturm mit seiner Plattform wurde am 20. Mai 1971 eingeweiht.

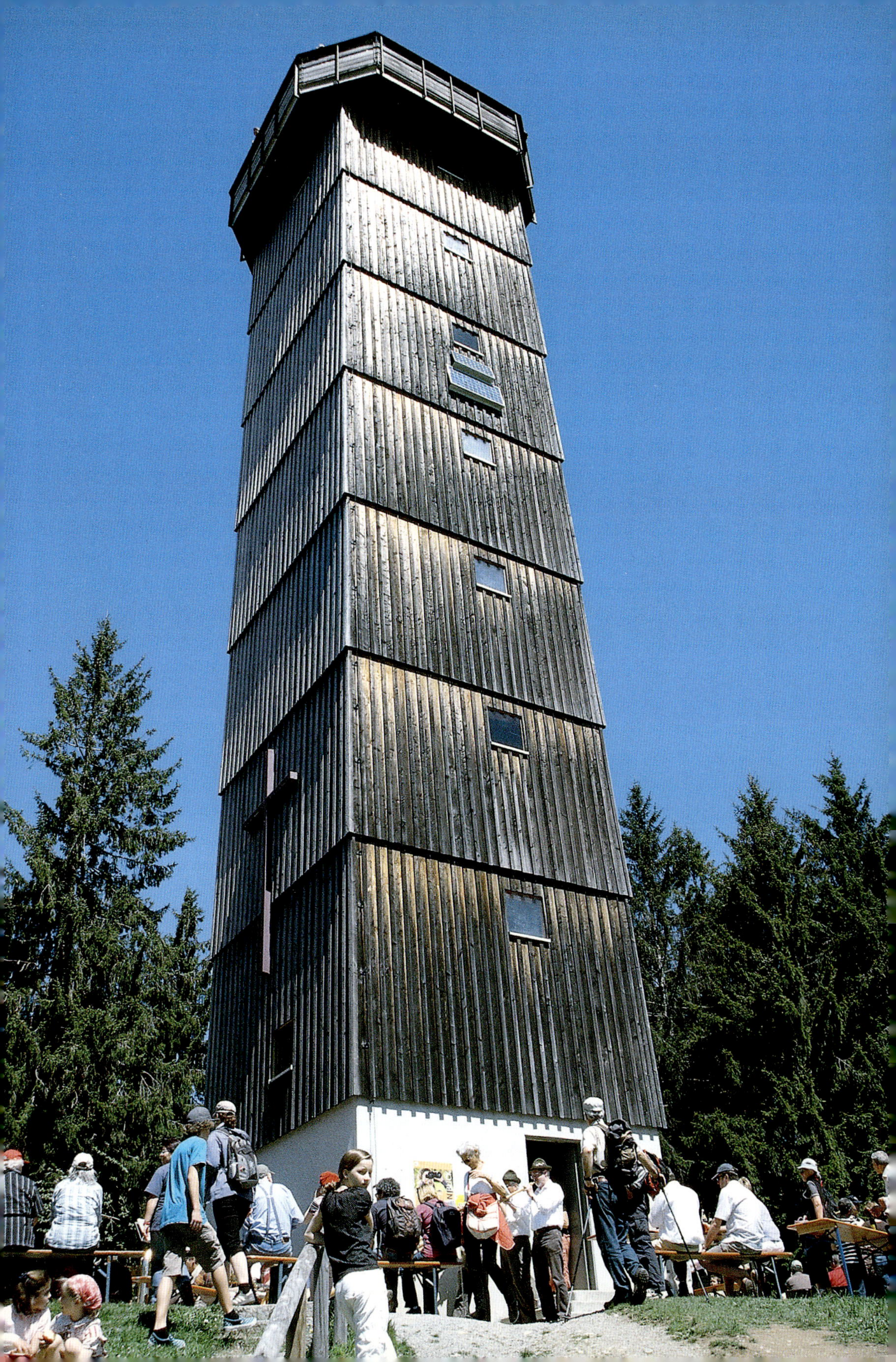

Wanderer, was willst du mehr …?

Paradies für Tiere und Pflanzen

Der bewaldete Höhenzug der Adelegg ist ein einzigartiges Biotop und bietet zahlreichen Tier- und Pflanzenarten Lebensraum. Neben Hirsch und Reh leben hier auch die sonst raren Gämsen, und mehr als 60 verschiedene Brutvögel sind hier heimisch. Seltene Insekten und über 200 Schmetterlingsarten tummeln sich auf den Bergweiden. In den kleinen Bächen schwimmen Forellen, und auch die auf der »Roten Liste« stehende Wasseramsel ist hier noch zu finden. In den feuchten Tobeln sind Bergmolche und Feuersalamander zu sehen, während man auf sonnigen Waldwiesen auf Blindschleichen trifft.

Weiter geht es links auf einem Schotterweg, wo wir mit einem Panoramablick auf die ersten Berggipfel hinter den bewaldeten Höhenzügen belohnt werden. Wenig später führt ein schmaler Pfad rechts bergauf, und wir haben die ehemalige Schletteralpe erreicht, von der allerdings nichts mehr zu sehen ist.

Bereits Ende des 18. Jahrhunderts wurde dieses Waldstück gerodet und als Weidegebiet genutzt. Rund 100 Jahre lang stellten die Bauern hier Käse her. Dann wurde die Käseproduktion ins Dorf verlagert und das Hauptgebäude der Schletteralpe zum Ausflugslokal umgestaltet – der Tourismus entdeckte die Schletteralpe. Es war die Zeit des beginnenden Trendsports Skifahren, und die Adelegg war als »Schneeloch« bekannt. Auch Sommerfrischler und Wanderfreunde freuten sich über die traumhaften Aussichten über die Alpen und die angenehme Kühle des Waldes. Nach Ende des Zweiten Weltkrieges, mit dem Einsetzen des Wirtschaftswunders, verlor die Adelegg ihren Reiz, und im Jahr 1962 wurden Alpe und Weide aufgegeben. Die Gebäude verfielen, die Weide wurde größtenteils wieder aufgeforstet – heute erinnert nur noch eine Schautafel an die Schletteralpe.

Wir folgen dem breiten Forstweg, den wir uns hier leider mit Mountainbikern teilen, zum Schwarzen Grat. Dafür liegt der Weg angenehm im Halbschatten des Nadelwalds und führt nur sanft bergauf; an einigen wenigen exponierten Stellen ist er mit einem Seil abgesichert, aber immer gut zu gehen. Wenig später taucht er vor uns auf, der graue Aussichtsturm am Schwarzen Grat. Dort angekommen, haben wir die Qual der Wahl: Zuerst auf den Turm mit seinen 156 Stufen? Oder lieber die Picknickdecke ausbreiten und die mitgebrachte Brotzeit rausholen? Wer sich für die Turmbesteigung entscheidet, wird bei entsprechendem Wetter mit einem grandiosen Bergpanorama belohnt: Zugspitze, Grünten, Nebelhorn und Pfänder sind nur einige der Gipfel, die man von hier oben sehen kann.

Auch auf dem Rückweg vermeiden wir die »Rennstrecke« nach Bolsternang, sondern halten uns an den linken Waldweg, der recht abwechslungsreich über Wurzeln und Steine bergab führt. Mehrere Schautafeln versorgen uns mit Wissenswertem über die Geschichte sowie über die Tier- und Pflanzenwelt der Adelegg.

Wir queren eine Forststraße, bleiben aber auf unserem Pfad, der mit einem roten Kreuz markiert ist. Er führt uns angenehm bergab, bis er in einen breiten Schotterweg übergeht, der halbschattig im Mischwald angelegt ist. Kurz danach erreichen wir den mit »A« ausgeschilderten Weg nach Bolsternang und wandern entspannt über mehrere sich kreuzende Forststraßen talwärts. Im weiteren Verlauf stoßen wir wieder auf das Asphaltsträßchen, das uns wenig später zur Klinik zurückbringt.

Auch für kleinere Kinder gut und bequem zu gehen: der Schotterweg nach Bolsternang.

… und dann wartet da ja noch der weitläufige Spielplatz unterhalb des Schwarzen Grats.

18 Drei-Schlösser-Tour ab Füssen

Einfach traumhaft – auf den Spuren der Wittelsbacher

mittel | **3.45 Std.** | **ca. 7 km** | **500 Hm**

Ausgangs-/Endpunkt
Bahnhof Füssen (808 m)

Anfahrt
A 96 München–Lindau bis Ausfahrt Jengen-Kaufbeuren, über Marktoberdorf nach Füssen, dort am Bahnhof parken, dann kurzer Fußweg zum Hohen Schloss. Bahnverbindung München–Kaufbeuten, Regionalbahn nach Füssen und Fußweg zum Hohen Schloss

Wegverlauf
Bahnhof Füssen – Hohes Schloss Füssen – Hohenschwangau – Schloss Neuschwanstein – Hohenschwangau/Bushaltestelle – Bahnhof Füssen

Beste Jahreszeit
Ganzjährig

Essen und Trinken
Im Rucksack Brotzeit mitnehmen und Picknick machen; die Einkehrmöglichkeiten rund um die Schlösser sind wenig empfehlenswert.

Information
Tourist-Information, Seeweg 4, 87629 Füssen-Weißensee, Tel. 08362/65 00, www.fuessen-weissensee.de

---

Wo gibt es das sonst auf der Welt: eine Wanderung, bei der man drei Schlösser in traumhafter Lage und eine beeindruckende Schlucht mit einem wilden Wasserfall erreicht? Wenn Sie in Füssen am Hohen Schloss den Drei-Schlösser-Weg ansteuern, werden Sie am Ende des Tages genau das erlebt haben und eine Vielzahl schöner Bilder im Kopf mit nach Hause nehmen.

Vom Bahnhof in Füssen sind es nur wenige Minuten bis zu unserem ersten Ziel, dem Hohen Schloss in Füssen. Majestätisch thront das Schloss, das ab dem Ende des 13. Jahrhunderts von Ludwig dem Strengen von Bayern erbaut wurde, auf einem Bergsporn oberhalb der Altstadt. Nach der Verpfändung Füssens an das Augsburger Hochstift wurde es erweitert und ab 1500 in seine heutige Form umgestaltet. Das Hohe Schloss ist eine der bedeutendsten spätgotischen Schlossanlagen Deutschlands, besonders prächtig sind die farbigen Illusionsmalereien an den Fassaden.

Nach der Schlossbesichtigung gehen wir hinunter in die Altstadt und folgen ab dem Rathaus der Ausschilderung des Drei-Schlösser-Wegs in Richtung Lech. Es geht über die Theresienbrücke, dann rechts und ein kurzes Stück an der Straße entlang. An einer Kapelle führen links Stufen und später ein Steig bergauf zu einer Steinsäule mit einem Goldkreuz. Unser Weg führt auf den Kalvarienberg mit dem Kreuzweg, der die Leidensgeschichte Jesu dokumentiert.

Schloss Hohenschwangau diente der königlichen Familie als Sommerresidenz und war die Kinderstube Ludwigs II.

Oben angekommen, haben wir einen großartigen Blick auf die drei Schlösser, die imposante Bergkulisse und das Allgäuer Voralpenland.

Vom Kalvarienberg geht es bergab, auf teilweise ausgesetztem Pfad. Bei Sonnenschein wandern wir sehr schön durch lichten Wald, bis unser Pfad in einen breiten Schotterweg mündet. Dort halten wir uns links und gehen auf dem Forstweg sanft bergauf.

Wir kommen zum romantisch gelegenen Schwansee, über dem vor imposanter Bergkulisse das Schloss Hohenschwangau thront. Auf dem Schotterweg wandern wir am See entlang. Wenig später erreichen wir das Ende des Naturschutzgebiets, und unser Weg entfernt sich nach links vom See weg. Zuerst geht es durch den Wald, dann ein kurzes Stück an der Straße und am Parkplatz entlang. Im weiteren Verlauf folgen wir dem Weg zum Schloss Hohenschwangau.

Ein großartiges Naturerlebnis ist die steil abfallende Pöllatschlucht, die wir beim Rückweg erreichen.

Auf einer Bergtour entdeckte der junge bayerische Kronprinz Maximilian die reizvoll gelegene Burgruine Schwanstein. Der junge Mann verliebte sich auf Anhieb in die malerische Ruine und kaufte sie im Jahr 1832. In den darauffolgenden Jahren ließ er die Burg nach Originalplänen wiederaufbauen und in ein romantisches Schloss umbauen. Die Inneneinrichtung erfolgte im Stil des Biedermeier, auch der Schlossgarten wurde neu angelegt. Seine spätere Frau, Prinzessin Marie von Preußen, liebte das Schloss, und die Königsfamilie nutzte es gern als Sommerresidenz.

Ihr Sohn Ludwig, der spätere König Ludwig II., verbrachte auf Hohenschwangau seine glücklichsten Kindheitsmomente. Hier konnte sich der schwärmerische Junge, angeregt durch Sagen und Mythen, in eine Fantasiewelt zurückziehen – und als junger König ließ er sich in unmittelbarer Nähe sein eigenes »Traumschloss« erbauen, die nächste Station auf unserem Weg.

Dafür gehen wir auf dem gleichen Weg wieder zur Straße zurück, überqueren diese und machen uns an den Aufstieg zum Schloss Neuschwanstein. Wir folgen den Stufen bergauf, gehen ein kurzes Stück am Fahrweg entlang,

Frühes Aufstehen lohnt sich

Bei den Königsschlössern sollten Sie sich auf einigen Trubel einstellen. Brechen Sie daher möglichst frühmorgens auf, und vermeiden Sie die Hauptsaison. Übrigens ist die Wanderung auch ohne Besichtigung der Schlösser sehr zu empfehlen!

**Was für ein Vis à vis:
Schloss Hohenschwangau liegt
direkt gegenüber von Schloss
Neuschwansstein.**

um dann rechts den zur »Jugend« führenden Fußweg einzuschlagen. Zur Linken haben wir immer wieder das spektakulär auf einem schmalen Felsgrat thronende Schloss Neuschwanstein vor Augen – einen besseren Platz hätte Ludwig II. für seinen in Stein gemeißelten Traum wirklich nicht wählen können!

Mit solchen oder ähnlichen Gedanken werden wir vom kontinuierlich steil ansteigenden Weg abgelenkt. Wenig später trifft unser Weg auf den Teerweg zum Schloss, doch vorher sollten noch wir den ausgeschilderten Abstecher zur Marienbrücke machen. Maximilian II. hatte die Brücke, die sich über der imposanten Pöllatschlucht erhebt, als Geschenk für seine Gemahlin errichten lassen. Von der Marienbrücke haben wir einen fantastischen Blick auf Schloss Neuschwanstein und die Alpenkette – der Blick nach unten in die Schlucht ist weniger zu empfehlen …

Dann geht es wieder zurück auf den Weg zum Schloss Neuschwanstein, das wir wenig später erreichen. König Ludwig II. ließ sich hier mitten in den Bergen eine mittelalterliche Ritterburg erbauen, in die er sich von der Welt zurückziehen wollte. Doch tatsächlich sollte er dort nur wenige Monate leben und noch vor der Fertigstellung sterben. Deshalb sind bis heute ganze Teile der Anlage unvollendet geblieben – ein größerer Kontrast zu den ande-

> ## Neuschwanstein und Hohenschwangau
>
> Eintrittskarten für beide Schlösser sind nur im Ticketcenter erhältlich. Eine Reservierung von Eintrittskarten ist gegen Zuschlag bis spätestens einen Tag vor dem gewünschten Schlossbesuch möglich – und auch empfehlenswert. Ticketcenter Neuschwanstein – Hohenschwangau, Alpseestr. 12, 87645 Hohenschwangau, Tel. 08362/93 08 30, www.ticket-center-hohenschwangau.de

Das Hohe Schloss in Füssen gilt als eine der am besten erhaltenen mittelalterlichen Burganlagen Bayerns.

ren, aufwendig ausgestalteten Sälen ist nicht vorstellbar. Kurz nach dem Tod von König Ludwig II. wurde Schloss Neuschwanstein im Jahr 1886 für das Publikum geöffnet – und wurde sofort zum Publikumsmagneten, was es mit rund 1,3 Millionen Besuchern pro Jahr bis heute geblieben ist.

Unser Rückweg verläuft durch die Pöllatschlucht: Vom Schloss Neuschwanstein gehen wir ein kurzes Stück auf dem Hinweg zurück, bis wir dem Abzweig Richtung Pöllatschlucht folgen. Auf einem alpinen Steig geht es teilweise recht steil und ausgesetzt bergab in diese grandiose Schlucht mit ihrem imposanten Wasserfall. Im Sommer kann man hier schön Picknick machen. Unser Weg verläuft oberhalb des Wasserfalls, der sich in mehreren Stufen bergab ergießt.

Am Ende der Schlucht wagen wir uns auf mehrere Metallstege, die in den Felsen geschlagen wurden; dann entfernt sich unser Weg vom Wasser und führt angenehm schattig am Waldrand entlang zurück nach Hohenschwangau. Dort befindet sich die Bushaltestelle, an der wir den Bus zurück nach Füssen nehmen können.

19 Von Oberstdorf nach Gerstruben

Eine imposante Schlucht und ein Dorf wie aus dem Bilderbuch

mittel | 4 Std. | ca. 15 km | 350 Hm

Ausgangs-/Endpunkt
Nebelhornbahn in Oberstdorf (828 m)

Anfahrt
A 96 München–Lindau bis Ausfahrt Jengen/Kaufbeuren, Richtung Kempten, A7 Richtung Füssen, am Autobahndreieck Allgäu auf die A 980 Richtung Oberstdorf und bis Ausfahrt Waltenhofen, weiter nach Oberstdorf, am Ortseingang der Ausschilderung zur Nebelhornbahn folgen, dort parken. Bahnverbindung München–Oberstdorf, vom Bahnhof Bus zur Nebelhornbahn

Wegverlauf
Oberstdorf – Trettachtal – Hölltobel – Oberstdorf

Beste Jahreszeit
Ganzjährig

Essen und Trinken
Berggasthof Gerstruben, Gerstruben 1, 87561 Oberstdorf, Tel. 08322/95 92 90

Information
Tourismus Oberstdorf, Prinzregentenplatz 1, 87561 Oberstdorf, Tel. 08322/70 00, www.oberstdorf.de; www.gerstruben.de

Ein erlebnisreicher Tag: Der Aufstieg nach Gerstruben ist abwechslungsreich und anspruchsvoll, Trittsicherheit ist gefragt. Dafür erwarten Sie ein reißender Wildbach, der Hölltobel und ein überaus sehenswertes altes Bergdorf, das komplett unter Denkmalschutz steht. Unser Tipp: Machen Sie die Tour an einem Samstag, dann hat das kleine Museum in Gerstruben geöffnet.

Beeindruckend: die enge Schlucht des Hölltobels, der Durchbruchsschlucht des Dietersbaches von seinem Talboden gegen das Haupttal der Trettach

Los geht's an der Nebelhornbahn in Oberstdorf: Hier kann man den Wegweiser zu den Wanderwegen nicht verfehlen, dem wir ortsauswärts folgen. Gleich danach taucht links ein erstes Schild auf, das uns den Wanderweg ins Trettachtal weist, jenes breite Tal der reißenden Trettach, das wir im ersten Teil dieser Wanderung kennenlernen. Die Trettach entspringt südlich von Oberstdorf. Von ihrer Quelle nahe der Trettachspitze fließt sie in nördlicher Richtung durch das nach ihr benannte Trettachtal.

Wenig später gehen wir rechts auf dem mäßig ansteigenden Schotterweg Richtung Gerstruben. Wir überqueren auf einer Brücke die Trettach, kommen am Weiler Gruben vorbei und durchwandern eine romantische Ahornallee. Unser Weg verläuft schön am Ufer der Trettach entlang, mal bergauf, mal bergab, und bald tauchen vor uns die ersten Gipfel der Allgäuer Hochalpen auf.

Wir befinden uns jetzt am Dietersberg mit seinen naturnahen Mischwäldern entlang der Trettach und des Dietersbachs, die große Bedeutung für die hiesige Artenvielfalt haben. Im Bergwald wachsen vor allem tief wurzelnde Tannen, die dafür sorgen, dass der Wald seine wichtige Schutzfunktion vor Lawinen, Muren und Hochwasser wahrnimmt.

Im Dietersbachtal, einem östlichen Nebental des Trettachtals, beginnt der eigentliche Anstieg nach Gerstruben. An der Wegkreuzung entscheiden wir uns für den reizvollen, aber durchaus anspruchsvollen Aufstieg durch den Hölltobel und gehen nach rechts. Vorbei am Berggasthof Riefenkopf mit dem gleichnamigen Berg wandern wir zuerst noch ein Stück auf der Teerstraße, danach auf einem breiten Schotterweg talwärts. Es geht vorbei an

Beim Spaziergang durch Oberstdorf, dem Ausgangspunkt der Wanderung, entdeckt man so manches Kleinod wie dieses alte Bauernhaus.

Therme Oberstdorf

Und nach der anstrengenden Wanderung erholen wir uns in der traumhaft schönen, rund 2000 m² großen Saunalandschaft im alpenländischen Stil. Besonders originell ist die alte Mühle, die zur Heusauna umgestaltet wurde. Sechs verschiedene Saunen laden zum Schwitzen ein: Heu-, Alpen-, Kristall-, Zitronen-, Amethyst- und Infrarotsauna. Oberstdorf Therme, Promenadestr. 3, 87561 Oberstdorf, Tel. 08322/60 69 60, www.oberstdorf-therme.de

Die Ziege mit ihren Jungen lässt sich nicht stören von den Wanderern, die nach Gerstruben kommen.

Im nahezu unverändert erhaltenen »Jakobe-Haus« ist ein kleines, aber feines Museum untergebracht.

Wiesen und Weiden, und bereits jetzt tun sich großartige Ausblicke auf die Kette der Allgäuer Hochalpen auf.

Wenig später zweigt rechts ein schmaler Steig ab, dem wir bergauf folgen. Nachdem der erste Teil der Wanderung eher gemächlich war, erwartet uns jetzt ein recht knackiger Aufstieg, der Trittsicherheit voraussetzt. Wir steigen auf dem schmalen Pfad über Stock und Stein bergan, und unser Weg wird immer wieder von kleineren Bächen und Zuflüssen des Dietersbachs gekreuzt. Über Kehren geht es bergauf, teilweise über Geröll und felsigen Untergrund, teilweise

Berggasthof Gerstruben

Der krönende Abschluss unserer Wanderung ist die gemütliche Einkehr im Gasthaus Gerstruben – bei schönem Wetter draußen vor dem Haus mit Alpenblick, ansonsten in der hübschen Gaststube mit Kachelofen. Nach dem durchaus schweißtreibenden Aufstieg lassen wir uns den frischen Bergkäse oder den aromatischen Hirschschinken schmecken!

auf Stufen. Vor allem bei Nässe sind hier Wanderstöcke hilfreich, damit man auf den Steinen und Felsen nicht ausrutscht.

So erklimmen wir nach und nach den beeindruckenden Hölltobel, die Durchbruchsschlucht des Dietersbachs von seinem Talboden gegen das Haupttal der Trettach. Ein Höhepunkt ist die Überquerung des rauschenden Wildbachs, die je nach Wasserstand mehr oder weniger abenteuerlich ist.

Nach etwa einer Stunde Gehzeit ab dem Wegweiser Richtung Gerstruben erreichen wir die malerisch gelegene Alpsiedlung auf 1155 Metern Höhe, die komplett unter Denkmalschutz steht. Das einstige Alpendorf Gerstruben zählt heute noch fünf dunkle Holzhäuser und die Marienkapelle, alle zwischen 400 und 500 Jahre alt. Die kleine Siedlung war noch Ende des 19. Jahrhunderts von Bergbauernfamilien bewohnt. Bis vor 90 Jahren gab es nur einen Fußweg nach Gerstruben, und bis 1953 wurden alle Lasten mit Pferd und Wagen heraufgebracht. Bei gutem Wetter genießt man von hier oben einen fantastischen Panoramablick über die Kette der Allgäuer Hochalpen!

Der Rückweg verläuft auf dem Anstiegsweg.

Alternativer Rückweg: Wer sich den etwas abenteuerlichen Aufstieg durch den Hülltobel (noch) nicht zutraut, muss auf den Besuch des sehenswerten alten Bergdorfs Gerstruben nicht verzichten: Man erreicht es auch bequem auf einer breiten Schotter- bzw. Teerstraße, die zwar manchmal etwas steil, aber gut zu gehen ist. In diesem Fall gehen Sie an der beschilderten Wegkreuzung im Dietersbachtal einfach halb links auf die Schotterstraße.

Für welchen Rückweg Sie sich auch entscheiden, landschaftlich reizvoll ist die Tour allemal.

Gerstrubener Museumshaus

Das außen wie innen nahezu unverändert erhaltene »Jakobe-Haus« – diesen Namen verdankt es seinem früheren Besitzer Jakob Huber – wurde vor einigen Jahren renoviert und in ein sehenswertes kleines Museum umgewandelt. Der traditionelle Bauerngarten wurde wieder angelegt, die Stuben und die Küche, die Ställe, der Heuboden und die Tenne wurden mit ihrem ursprünglichen Inventar ausgestattet. In einem Nebenraum vermitteln Bilder aus historischer Zeit einen lebhaften Eindruck vom harten und arbeitsreichen Leben der einstigen Bewohner dieses Bauernhauses. Während der Saison hat das Museum samstags von 13–16 Uhr geöffnet.

Bergfrühling im Allgäu

Für gut Trainierte

20 Rundwanderung auf dem Bayrischzeller Höhenweg

Großartige Ausblicke auf Bayrischzell und seine Bergwelt

mittel bis schwer | 5 Std. | ca. 15 km | 740 Hm

Ausgangs-/Endpunkt
Bayrischzell, Minigolfplatz (798 m)

Anfahrt
A 8 München–Salzburg bis Ausfahrt Weyarn, dann auf St 2072 und B 307 nach Bayrischzell; Parkplatz in der Seebergstraße. Bahnverbindung München nach Bayrischzell (BOB)

Wegverlauf
Bayrischzell – Neuhütte – Sillberg – Sillberg-Haus – Ursprungtal – Bayrischzell

Beste Jahreszeit
Rund ums Jahr

Essen und Trinken
Sillberg-Haus

Information
Tourist-Info Bayrischzell, Kirchplatz 2, 83735 Bayrischzell, Tel. 08023/907 630;
www.bayrischzell.de

Eine abwechslungsreiche Höhenwanderung, die auch für nicht ganz so geübte Bergwanderer zu bewältigen ist, auch wenn die Höhenmeter durchaus in die Beine gehen ... Dafür erwartet Sie mitten auf der Tour eine besondere Einkehr- und Übernachtungsmöglichkeit.

Start der Tour ist der nette Kurort Bayrischzell am Fuß des Wendelsteins. An der Waldkuranlage am Seeberg beginnt der ausgeschilderte Höhenweg. Zunächst wandern wir in angenehm schattigen Serpentinen bergauf Richtung Seeberg, dessen 1538 Meter hohen Gipfel wir jedoch nicht erklimmen. Unterwegs haben wir einen traumhaften Blick auf Bayrischzell und das Leitzachtal. Kontinuierlich, aber nur mäßig steil geht es bergauf. Über die sonnige Südseite des Seebergs erreichen wir den höchsten Punkt unserer Tour, die auf 1232 Metern Höhe gelegene Neuhütte, eine urige Alm und Jausenstation aus dem Jahr 1678 (!). Doch noch ist es für eine Einkehr zu früh, auch wenn der schöne Blick vom Vorgarten der Alm über das Ursprungtal und den Kleinen und Großen Traithen recht verführerisch ist.

Die von Blumen geschmückte Niederhofer Alm liegt direkt am Wegrand.

Weiter geht es bergab zu den Niederhofer Almen, wo im Sommer Getränke verkauft werden. Von dort führt uns ein Höhenweg am Nordhang den 1348 Meter hohen Sillberg hinauf, doch auch dieser Gipfel ist nicht unser Ziel. Wir erreichen nämlich wenig später eine Forststraße, die uns in einer großen Schleife um den Sillberg herum zum Sillberg-Haus, unserem Einkehrtipp, bringt. Hier kehren wir ein und gönnen uns einen leckeren Salat oder ein frisches Bauernbrot mit selbst gemachtem Brotaufstrich, dazu eine Rhabarber- oder Pflaumenschorle – was will man mehr?

Der Abstieg führt vom Sillberg-Haus durch das Ursprungtal. Bergab genießen wir die traumhafte Landschaft und den mäßig steilen Weg und kommen schließlich auf dem Talweg wieder zurück zu unserem Ausgangspunkt in Bayrischzell.

Auf dem Weg ins Ursprungtal haben wir eine schöne Sicht über den Aubach auf Bayerischzell.

Almbad & Lodge

Wenn Sie sich etwas Gutes tun wollen, verbringen Sie doch ein Wochenende im Sillberg-Haus Almbad & Lodge, dem ersten Haus dieser Art in Deutschland. Es liegt wunderschön und sehr ruhig am Südhang des Ursprungtals und lädt mit seinem »Almbad« und seiner Lärchenholz-Sonnenterrasse zum Abschalten und Erholten ein. Sillberg-Haus, Tiroler Str. 70, 83735 Bayrischzell, Tel. 08023/533, www.almbad.de

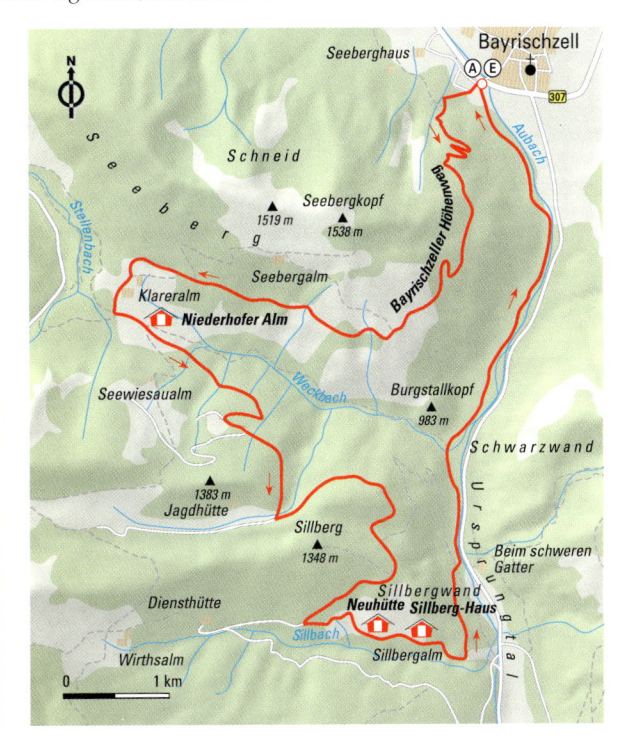

21 Über die Kotalm aufs Brauneck

Auf den Sonnenbalkon des Isarwinkels

mittel bis schwer   4.30 Std.   ca. 11 km   849 Hm

Ausgangs-/Endpunkt
Lenggries-Wegscheid, Draxlhang (729 m)

Anfahrt
A 8 München–Salzburg bis Ausfahrt Holzkirchen, dann B 13 nach Lenggries und der Ausschilderung »Wegscheid« folgen bis zum Parkplatz am Draxlhang. Bahnverbindung München–Lenggries (BOB), ab Lenggries Bus nach Wegscheid

Wegverlauf
Draxlhang – Kotalm – Streidlalm – Bergstation der Bergbahn – Brauneck – Tölzer Skihütte – Quengeralm – Stiealm – Draxlhang

Beste Jahreszeit
Frühjahr und Herbst

Essen und Trinken
Brauneck-Haus, Tel. 08042/87 86;
Bayern-Hütte, Tel. 08042/89 73;
Florians-Hütte, Tel. 08042/89 00;
Tölzer Skihütte, Tel. 808042/732;
Quengeralm, Tel. 08042/29 34;
Kotalm, Tel. 08042/25 95;
Strasser-Alm, Tel. 08042/312;
Stiealm, Tel. 08042/23 36

Information
Gäste-Information Lenggries, Rathausplatz 2, 83661 Lenggries, Tel. 08042/501 80,
www.lenggries.de

Das Ziel dieser aussichtsreichen Rundtour ist der bekannte Lenggrieser Hausberg mit seinem traumhaften 360°-Panoramablick. Unterwegs erwarten uns diverse gemütliche Hütten, sodass wir dieses Mal unsere Brotzeit getrost zu Hause lassen können. Und bei über 800 Höhenmetern im Aufstieg dürfen wir uns auch etwas gönnen – z. B. den köstlichen Almkäse auf der Stiealm.

Wer diese Bergtour im Sommer macht, sollte frühzeitig aufbrechen, denn sie führt überwiegend über sonnige Almwiesen zum Gipfel des Braunecks in 1554 Metern Höhe. Da könnte man glatt auf die Idee kommen, die bequeme Bergbahn zu nehmen – doch uns passiert das nicht, denn wir haben schließlich immer unser Ziel vor Augen: Runter mit den Pfunden!

Von unserem Ausgangspunkt, dem Draxlhang, wandern wir zunächst noch recht angenehm und mäßig steil über schöne Wiesen, später durch den Wald und dann in Kehren steiler bergauf. Schon früh haben wir unser Ziel, den Gipfel des Braunecks, vor Augen. Das motiviert uns für den durchaus anspruchsvollen Aufstieg, der über schmale, nicht immer befestigte Wege führt. Hier ist Trittsicherheit gefragt. Doch das Schwitzen und Schnaufen lohnt sich: Der Ausblick wird von Minute zu Minute schöner!

Oberhalb der Kotalm halten wir uns links und folgen dem ausgeschilderten Wanderweg zum Brauneck, der teils über freies Gelände, teils durch den Wald führt – für Abwechslung ist also gesorgt.

Sobald wir die Bergstation der Brauneckbahn über eine Eisentreppe erreicht haben, trennen uns nur noch wenige Höhenmeter vom Brauneckgipfelhaus auf 1540 Metern Höhe und dem Gipfel selbst. Das Panorama von hier oben kann sich sehen lassen: Im Süden schweift der Blick über das enge Tal der Ja-

Die Strasseralm besticht durch ihre schöne Lage.

chenau hinein ins Karwendel und im Norden über das Isartal bis Bad Tölz. Nicht minder spannend ist es, den Gleitschirm- und Drachenfliegern zuzusehen, die unweit des Gipfels starten.

Wenn wir uns sattgesehen haben, machen wir uns daran, den gut ausgeschilderten Höhenwanderweg zu begehen und wandern zunächst in Richtung Schrödelstein und dort bergab zur ausgeschilderten und bewirtschafteten Quengeralm – über einen Mangel an Einkehrmöglichkeiten brauchen wir uns auf dieser Tour wahrlich nicht zu beklagen. Von dort geht es westwärts über die Latschenkopf-Hütte zur Stiealm, wo wir uns gemütlich niederlassen und die schöne Aussicht und die leckere Brotzeit genießen.

Für den Abstieg wandern wir zurück zur Quengeralm und nehmen dort den rechts bergab führenden Fahrweg, der uns an den ebenfalls bewirtschafteten Bayernhütten und der Finstermünzalm vorbeibringt.

Jetzt geht es ein Stück durch angenehm schattigen Wald, bis wir wenig später die Lichtung der Filzalm erreichen und weiter über flache Wiesen absteigen. Wir folgen der Ausschilderung der Brauneck-Bahn nach links und erreichen über einen schönen Wiesenpfad schließlich wieder unseren Ausgangspunkt, den Parkplatz am Draxlhang.

Frischer Almkäse von der Stiealm

Bei der Vielzahl an Almen und Hütten im Brauneckgebiet fällt die Entscheidung gar nicht leicht, wo man einkehren soll. Unser Tipp ist die Stiealm, die man in etwa 30 Min. vom Gipfel des Braunecks auf einem aussichtsreichen Panoramaweg erreicht. Besonders der auf der Alm hergestellte Käse ist zu empfehlen, eine Rarität im bayerischen Oberland. Man kann den aromatischen Käse auf der Alm genießen, aber ihn natürlich auch mit nach Hause nehmen. So lässt sich das schöne Wochenende zumindest kulinarisch noch bis Montagmittag oder -abend verlängern ...

Rund ums Brauneck wandert man auf breiten Wegen.

22

Von Sachrang auf den Spitzstein

Abwechslungsreiche Bergtour mit Kaiserblick

mittel bis schwer · 4.30 Std. · ca. 7 km · 860 Hm

Ausgangs-/Endpunkt
Sachrang (730 m)

Anfahrt
A 8 München–Salzburg bis Ausfahrt Frasdorf und über Aschau nach Sachrang; Parkplatz an der Kirche. Bahnverbindung München nach Aschau, von Aschau Bus nach Sachrang

Wegverlauf
Sachrang – Mesneralm – Mesner-Boden – Spitzsteinhaus – Spitzsteingipfel – Mitterleiten – Sachrang

Beste Jahreszeit
Frühjahr bis Herbst

Essen und Trinken
Spitzsteinhaus, Almen 47, A-6343 Erl, Tel. +43/(0)5373/83 30

Information
Tourist-Info Sachrang, Dorfstr. 20, 83229 Sachrang,
Tel. 08057/378, www.sachrang.de

Dank seiner Lage am südöstlichen Rand der Chiemgauer Alpen erwartet uns am Gipfel des Spitzsteins eine fantastische Aussicht: vom Mangfallgebirge und den Chiemgauer Alpen über die Loferer Steinberge und das Kaisergebirge bis hin zum Inntal und zu den Zillertaler Alpen. Dafür erfordert der Gipfelanstieg allerdings auch Trittsicherheit, während die Wanderung sonst recht leicht ist.

Vom Kirchplatz in Sachrang, unserem Ausgangspunkt, wandern wir zunächst ein Stück in nördlicher Richtung auf der Teerstraße von Sachrang nach Mitterleiten. Doch noch unterhalb von Mitterleiten biegen wir, der Ausschilderung folgend, in den Wald ab. Je nach Wetterlage kann der Untergrund dort mehr oder weniger feucht-morastig sein, was uns aber nicht weiter stört. Unser Weg steigt angenehm gleichmäßig an, zwischendurch tun sich kurze Ausblicke ins Tal nach Sachrang auf.

Wir steigen entspannt bergauf, bis wir das Almengebiet unterhalb der Mesneralm erreichen. Dort genießen wir bereits jetzt die Aussicht auf das uns gegenüberliegende zerklüftete Kaisergebirge; besonders imposant sind die Gipfelzacken des Wilden Kaisers.

Wir kommen an der früher bewirtschafteten Mesner-Alm auf 1197 Metern Höhe vorbei, deren einstiges Weidegebiet mittlerweile aufgeforstet wurde. Über den Mesner-Boden, einen nahezu ebenen Höhenrücken, erreichen wir wenig später das Spitzsteinhaus. Doch noch lassen wir uns nicht zur Einkehr verführen, schließlich wollen wir ja heute einen richtigen Gipfel bezwingen. Zusätzlich motiviert werden wir durch den traumhaften Panora-

Der Aufstieg zum Spitzsteinhaus verläuft anfangs angenehm schattig durch den Wald, im oberen Bereich dann über weitläufige Almwiesen.

An schönen Tagen ist die Sonnenterrasse des Spitzsteinhauses gut besucht – kein Wunder, angesichts des Blicks auf das Kaisergebirge.

mablick: An klaren Tagen reicht er über das gesamte Inntal mit seinen Weilern und Dörfern, und wir genießen die Aussicht auf die umliegenden Berge bis hin zu den Gletschern der Zentralalpen.

Wir halten uns an den Steig, der gleich hinter dem Spitzsteinhaus beginnt und gelangen über steiler werdende Kehren und teils felsigen Untergrund (Vorsicht bei Nässe!) zum Gipfel des Spitzsteins (1596 m) mit seiner schlichten, weißen Kapelle und dem einfachen, alten Holzkreuz. Hier oben ist das Platzangebot recht beschränkt, zumal der Gipfel nach Norden hin steil abfällt.

Nachdem wir das Gipfelerlebnis samt Kaiserblick ausgiebig genossen haben, machen wir uns an den Abstieg zum Spitzsteinhaus, das uns mit seiner schönen Sonnenterrasse erwartet. Und wenn das Wetter einmal nicht mitspielen sollte, lassen wir uns in der kleinen Gaststube mit Kachelofen gemütlich nieder. Auch das kulinarische Angebot kann sich sehen lassen: Eine Spezialität des Spitzsteinhauses ist der sauer angemachte Graukäse – der Wirt reicht vor der Bestellung gern ein kleines Stück zum Probieren, denn der Käse schmeckt durchaus eigen. Es gibt aber auch eine »klassische« Brotzeit mit Schinken und Speck oder Almkäse und Emmentaler, wenn man geschmacklich weniger risikofreudig ist. Oder darf's lieber eine kräftige, selbst zubereitete Gemüsesuppe sein? Aber bitte Finger weg vom Kaiserschmarrn und von den Spinatknödeln, das wäre kontraproduktiv ...

Nach wohlverdienter Pause und Einkehr machen wir uns an den Abstieg, der uns gleich unterhalb des Spitzsteinhauses nach links in schöne Almwiesen führt. Wir machen ein kleines Rinnsal aus, das sich immer wieder im Untergrund verliert und dann wieder an die Oberfläche tritt: Die Prien, einer der längsten Wildbäche in den Bayerischen Alpen, hat hier, auf 1150 Metern Höhe, ihren Ursprung und mündet nach 32 Kilometern beim Ort Prien in die Schafwascher Bucht des Chiemsees.

Wir wandern recht gemütlich bergab und sehen schon bald den Weiler Mitterleiten vor uns liegen, unser nächstes Etappenziel. Ab Mitterleiten gehen wir ein Stück auf der Fahrstraße entlang, bis wir nach dem Ortsausgang auf einen Wanderweg abbiegen. Dieser alte Verbindungsweg nach Sachrang mündet in die verlängerte Kirchstraße und bringt uns schließlich wieder zu unserem Ausgangspunkt, der Kirche von Sachrang, zurück.

Auf den Spuren von Dr. Kneipp

Ideal für müde Beine nach der Bergtour ist das Wassertreten nach Dr. Kneipp. Im nahen Aschau finden Sie dafür gleich mehrere Kneippanlagen, die allesamt öffentlich und kostenlos zugänglich sind: das Kneippbecken im Kurpark, die Kneippanlage Hammerbach sowie die Kneippanlage beim Moorbad. Beim Kneippen empfiehlt sich der sogenannte »Storchengang«, bei dem immer ein Bein komplett aus dem Wasser herausgezogen wird. 30–60 Sek. im kalten Wasser reichen aus, dann erwärmt man die Füße kurz und wiederholt das Ganze mehrmals. Noch ein Tipp: Die Füße nach dem Wassertreten nicht abtrocknen und zur Erwärmung ein wenig bewegen.

23

Von der Spielmannsau zur Kemptner Hütte

Traumtour in den Allgäuer Hochalpen

schwer | **6 Std.** | **ca. 12 km** | **855 Hm**

Ausgangs-/Endpunkt
Spielmannsau (991 m) bei Oberstdorf

Anfahrt
A 96 München–Lindau bis Autobahnkreuz Memmingen, dann A 7 Richtung Kempten/Füssen bis Autobahndreieck Allgäu, dort auf der A 980 Richtung Oberstdorf bis Ausfahrt Waltenhofen, dann auf die B 19 und nach Oberstdorf; von dort Bus nach Spielmannsau. Bahnverbindung München nach Oberstdorf und weiter mit dem Bus in die Spielmannsau

Beste Jahreszeit
Frühsommer bis Herbst

Essen und Trinken
Kemptner Hütte, 87561 Oberstdorf, Tel. 08322/70 01 52, www.kemptner-huette.de

Information
Tourismus Oberstdorf, Prinzregentenplatz 1, 87561 Oberstdorf, Tel. 08322/70 00, www.oberstdorf.de; www.gerstruben.de

Einer der schönsten Hüttenanstiege in den Allgäuer Alpen führt vom Weiler Spielmannsau südlich von Oberstdorf zur familiären Kemptner Hütte, die von über 2000 Meter hohen Bergen überragt wird. Die Hütte liegt auf dem Europäischen Fernwanderweg und ist Station auf dem Heilbronner Weg zwischen Oberstdorf und der Rappenseehütte.

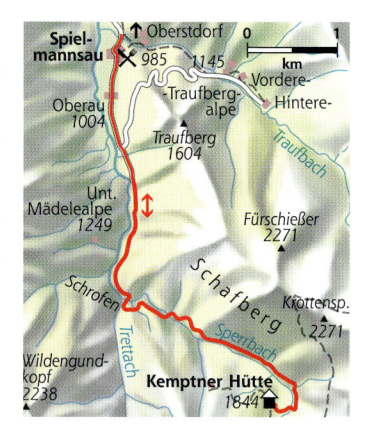

Eine kleine Kapelle am Wegesrand

Eine freundliche Atmosphäre und regionale Spezialitäten – das erwartet den Gast auf der Kemptner Hütte.

Ausgangspunkt dieser abwechslungsreichen, anspruchsvollen Tagestour ist die Spielmannsau am Ende des wildromantischen Trettachtals, 7,5 Kilometer südlich von Oberstdorf. Das erste Routenstück ist wenig spektakulär, denn wir wandern auf einer Teerstraße bis zur Materialseilbahn der Kemptner Hütte. Dort zweigt rechts ein Steig ab, und nun beginnt der eigentliche Aufstieg, der uns ganz schön ins Schwitzen bringen wird, garantiert!

Anfangs laufen wir noch eher gemütlich an der reißenden Trettach entlang, die ihren Namen nicht zu Unrecht trägt: »Trettach« kommt vom mittelhochdeutschen Wort »draete«, was so viel heißt wie »schnell, eilig«. Mit dem Einstieg in den Sperrbachtobel steigt unser Weg steiler an und führt in Serpentinen bergauf. Das jetzt breitere Flussbett der Trettach lässt erahnen, welche Wassermassen im Frühjahr hier herunterkommen.

Wir wandern jetzt auf einem alten, schmalen Wallfahrtsweg weiter, der noch heute von zahlreichen Pilgern aus dem Lechtal begangen wird. Unser Pfad

4-Tages-Tour von Hütte zu Hütte

Wenn Sie durch unsere Bergtouren auf den Geschmack gekommen sind, könnten Sie sich an eine mehrtägige, traumhaft schöne Tour durch die Allgäuer Alpen wagen: Am ersten Tag geht es von Oberstdorf zur Fiderepasshütte (2.30–4 Std.), am nächsten Tag auf dem Krumbacher Höhenweg zur Mindelheimer Hütte (4 Std.), von dort am 3. Tag zur Rappenseehütte (5 bis 6 Std.) und am letzten Tag auf dem Heilbronner Weg zur Kemptner Hütte (6–8 Std.). Mit etwas Glück kann man unterwegs Steinböcke entdecken – ein unvergessliches Naturerlebnis ist die Tour aber allemal!

Ab dem Sperrbachtobel ist der Aufstieg zur Kemptner Hütte recht steil und führt in Serpentinen bergauf.

Bergkäse auf der Alpe Oberau

Ihnen hat der Bergkäse der Kemptner Hütte besonders gut geschmeckt? Dann machen Sie doch auf dem Rückweg kurz halt an der Alpe Oberau, denn dort wird der Käse hergestellt und direkt ab der Sennerei verkauft.

ist teilweise ausgesetzt – diese riskanteren Stellen sind alle mit Drahtseil abgesichert – und durchaus anspruchsvoll. Trittsicherheit und Schwindelfreiheit sind erforderlich, und insbesondere bei Nässe ist der Weg schwierig zu begehen.

Endlich taucht rechts oben in einem wunderschönen Bergkessel unweit der österreichischen Grenze der Kamin der Kemptner Hütte auf. Doch noch haben wir ein gutes Stück steilen Aufstiegs vor uns, bis wir schließlich bei der Hütte auf 1844 Metern Höhe ankommen. Bereits 1891 wurde an dieser

Mit dem Mountainbike in die Spielmannsau

Sollte Ihnen der Trainings- und Abnehmeffekt dieser Bergtour nicht ausreichen, können Sie noch eins draufsetzen, indem Sie mit dem Mountainbike ins Tal der Trettach nach Spielmannsau und am Abend damit dann wieder zurück nach Oberstdorf fahren.

Stelle eine erste, kleinere Hütte erbaut, die im Lauf der Zeit mehrfach erweitert wurde, zuletzt 1991.
Das Wirtspaar Elvi und Ernst Wagner war mit seinen drei Kindern ab 1972 fast 30 Jahre lang auf der Kemptner Hütte – am 9. Oktober 1992 verunglückte ihr jüngster Sohn Tobias bei einem tragischen Seilbahnunglück tödlich. Seit 2001 hat die älteste Tochter Gabi mit ihrem Mann Martin Braxmair die Hütte übernommen, und auch für sie und ihre beiden Kinder ist die Hütte zu einem zweiten Zuhause geworden.

Ganz in unserem Sinne ist die Speisekarte der Kemptner Hütte: Abgesehen von deftigen und kalorienreichen Schmankerln, wie man sie vielerorts findet, stehen hier beispielsweise auch Pellkartoffeln mit hauseigenem Kräuterquark auf der Karte. Sympathisch ist auch, dass alle Gerichte zudem als kleine Portionen bestellt werden können – ein Vorbild, das Schule machen könnte, denn nicht jede(r) hat den Appetit eines Holzarbeiters. Außerdem fällt uns angenehm auf, wie liebevoll die Speisekarte der Kemptner Hütte gestaltet ist und dass die wichtigsten Bezugsquellen genannt werden und man zudem über die Gehzeiten ab bzw. zur Hütte informiert wird.

Der Rückweg in die Spielmannsau erfolgt auf dem Hinweg.

Gabi und Martin Braxmair –
das unschlagbare Team von
der Kemptner Hütte

24 Von Birgsau zur Rappenseehütte

Unterwegs im Naturschutzgebiet Allgäuer Hochalpen

schwer | 6 Std. | ca. 10 km | 1135 Hm

Ausgangs-/Endpunkt
Birgsau bei Oberstdorf (953 m)

Anfahrt
A 96 München–Lindau bis Autobahnkreuz Memmingen, dann A 7 Richtung Kempten/Füssen bis Autobahndreieck Allgäu, dort auf die A 980 Richtung Oberstdorf bis Ausfahrt Waltenhofen, dann auf der B 19 nach Oberstdorf und Richtung Fellhornbahn; dort Parkplatz, weiter mit dem Bus nach Birgsau. Bahnverbindung München–Oberstdorf, vom Bahnhof Oberstdorf mit dem Bus zum Parkplatz Renksteg und weiter mit dem Bus nach Birgsau

Wegverlauf
Einödsbach – Petersalpe – Enzianhütte – Rappenseehütte

Beste Jahreszeit
Frühsommer bis Herbst

Essen und Trinken
Rappenseehütte, Postfach 1412,
87554 Oberstdorf,
Info-Tel. 08326/70 01 55,
www.rappenseehuette.de

Information
Tourismus Oberstdorf,
Prinzregenten Platz 1,
87561 Oberstdorf;
Tel. 08322/70 00;
www.oberstdorf.de

Was für ein Panorama: die Rappenseehütte inmitten des Allgäuer Hauptkammes

Hoch über dem Rappenalptal liegt in traumhafter Berglandschaft die Rappenseehütte, das Ziel dieser wunderschönen, aber anspruchsvollen Tour. Starten Sie möglichst früh, damit Sie den Tag in den Bergen entspannt genießen können. Gleich bei der Hütte liegen zwei romantische Bergseen, die einen kleinen Abstecher lohnen. Und beim Abstieg erwartet Sie Wellness auf 1779 Metern Höhe – auf der Enzianhütte. Klingt gut, oder?

Zugegeben, der Einstieg in diese insgesamt sehr abwechslungsreiche und schöne Tagestour ist etwas eintönig, denn man läuft auf einer für den Verkehr gesperrten Fahrstraße durch den Wald bis zum Gasthof Einödsbach.

Kurzurlaub auf der Enzianhütte

Vom Alltag abschalten, die Seele baumeln lassen und neue Kraft tanken – klingt gut, oder? Das können Sie wunderbar auf der Enzianhütte, an der Sie auf der Tour zur oder von der Rappenseehütte vorbeikommen – Sie brauchen sich nur rechtzeitig anzumelden, und schon kommen Sie in den Genuss des höchstgelegenen Wellnessbereichs im Alpenraum: Ein mit Alpenquellwasser gefüllter Massage-Whirlpool, eine klassische Aufguss-Sauna sowie medizinische Massagen werden hier angeboten – und außerdem eine Küche, die selbst Feinschmecker begeistert!

Enzianhütte, Fam. Schwegler, Kirchsteige 6, 87509 Immenstadt/Bühl, Tel. privat 08323/78 60, Tel. Hütte 0170/793 16 55, www.enzianhuette-oberstdorf.de (Reservierungen ausschließlich telefonisch!)

Dort beginnt der eigentliche Anstieg zur Hütte, der gleich recht steil auf einem Steig bergauf führt. Danach schlängelt sich der Weg durch idyllische Wald- und Wiesenabschnitte bis zur Petersalpe. Am Wochenende ist diese bewirtschaftet, und unter der Woche stellt der Wirt kalte Getränke im Brunnen bereit, die man nach Bezahlung mitnehmen darf.

Die Vielzahl der Tourenmöglichkeiten ist beeindruckend – am besten bleibt man gleich über Nacht auf der Hütte.

Wandern für Ihren Stoffwechsel

Wussten Sie schon, dass Wandern gut für Ihre Haut ist? Sie wird rosiger und besser durchblutet. Außerdem regt es die Verdauung an und dämpft den Appetit – wunderbar geeignet also, um ein paar lästige Kilos loszuwerden!

Aufstieg auf den Rappenseekopf

Die etwa einstündige Besteigung des Hausbergs der Rappenseehütte, des 2496 m hohen Rappenseekopfs, sollte man sich nicht entgehen lassen. Vorbei am Großen und am Kleinen Rappensee ist der Gipfel unschwer zu erreichen, Trittsicherheit ist jedoch erforderlich.

Der weitere Weg führt über Serpentinen steil bergauf bis zu unserem nächsten Etappenziel, der Enzianhütte, die wir allerdings (noch) links liegen lassen. Von dort queren wir zunächst die Hänge unterhalb der Hütte und steigen schließlich in steileren Serpentinen bergauf. Nach insgesamt drei Stunden erreichen wir unser Ziel, die traumhaft auf über 2000 Metern Höhe gelegene Rappenseehütte. Der Weg ist durchweg gut zu gehen, an einigen Stellen ist jedoch Trittsicherheit erforderlich. Bei Regenwetter ist der Weg schlammig und an Felsstücken glitschig, dann sollte man unbedingt Wanderstöcke mitnehmen!

Gute Stimmung auf der Hütte: Es ist schon erstaunlich, wie nett und entspannt das Wirtspaar Sylvia und Andreas ist – trotz des großen Andrangs, den die Rappenseehütte während der Saison erlebt. Kein Wunder, denn die Hütte mit dem nahen Rappensee ist besonders reizvoll gelegen, und das Panorama mit Oberstdorf, dem Widderstein und den Schafalpenköpfen mit dem Mindelheimer Klettersteig ist einzigartig. Mittags und am frühen Nachmittag ist die Terrasse meist gut mit Tagesgästen besetzt. Und auch am Abend ist viel los in der großzügigen Stube, denn zahlreiche Wanderer blei-

Die Rappenseehütte ist ein großes Haus, das vielen Wanderern Unterkunft bietet.

Alles im Griff haben Sylvia Socher und Andreas Greiner.

ben über Nacht, um am nächsten Morgen auf dem Allgäuer Hauptkamm zu einer der benachbarten Hütten oder auf dem Heilbronner Weg weiterzuwandern.

Wer im August zur Rappenseehütte kommt, wird über die vielen Kühe staunen, die auf den Almwiesen rund um die Hütte stehen. Nur kurze Zeit sind die Tiere dort oben, denn schon im Herbst sind die Nächte zu kalt, sodass die Tiere vorher ins Tal getrieben werden. Doch die Sommerfrische auf der Alm bekommt ihnen ausgesprochen gut: Ihre Milch hat dann rund sechs Prozent Fett und übertrumpft damit jede Milch aus dem Kühlregal.

Der Abstieg erfolgt auf dem Anstiegsweg.

Solche fantastischen Ausblicke lassen die Mühen des Aufstiegs schnell vergessen.

25 Von Scharling auf den Hirschberg

Ein Klassiker – sowohl im Sommer als auch im Winter

schwer 6 Std. ca. 12 km 905 Hm

Ausgangs-/Endpunkt
Scharling, Parkplatz (699 m) am Ortseingang

Anfahrt
A 8 München–Salzburg bis Ausfahrt Holzkirchen, dann B 318 über Bad Wiessee nach Reitrain, dort rechts nach Scharling; großer Parkplatz am Ortseingang. Bahnverbindung München nach Tegernsee (BOB), dann Bus nach Scharling

Wegverlauf
Scharling – Hirschberghaus – Hirschberggipfel – Hirschberghaus – Scharling

Beste Jahreszeit
geeignet für jede Jahreszeit

Essen und Trinken
Hirschberghaus, Tel. 08029/465, www.hirschberghaus.de

Information
Tourist-Information Kreuth, Nördliche Hauptstr. 3, 83708 Kreuth, Tel. 08029/18 19, www.kreuth.de

Der Hirschberg ist ein wirklich lohnendes Ziel, denn das Panorama, das einen am Gipfel erwartet, reicht von der Zugspitze und diversen Karwendelgipfeln bis zum Kaisergebirge im Osten – nicht zu vergessen die Tegernseer Berge und unten im Tal der Tegernsee.

Am Parkplatz in Scharling gehen wir zunächst auf einem Forstweg in Richtung Leiten, der Ausschilderung zum Hirschberg folgend. Unser Weg führt durch den Wald und dann in Serpentinen teilweise recht steil aufwärts. Zwischendurch haben wir immer wieder den Kratzer vor Augen, den Vorgipfel des 1670 Meter hohen Hirschbergs, dessen Gipfel unser heutiges Ziel ist. Schließlich erreichen wir die Hirschlache mit dem Materiallift zum Hirschberghaus. Hier endet unsere noch gut zu gehende Forststraße.

Ab jetzt geht der Weg ordentlich in die Beine und an die Kondition, denn er steigt nun richtig steil an. Und das ist auch gut so, schließlich wollen wir ja überflüssige Pfunde abbauen – und ohne Schweiß kein Preis …
Wenig später erreichen wir die Weggabelung zum Sommer- bzw. Winterweg. Beide Wege führen hinauf zum Hirschberghaus. Wir entscheiden uns für den Sommerweg und gehen über Serpentinen weiter bergauf. Jetzt ist Trittsicherheit gefordert, auch wenn der Steig mit Stangen recht gut ausgebaut und im oberen Teil durch Drahtseile abgesichert ist. Denn an einigen

Das Hirschberghaus vor dem Fockenstein

Stellen ist unser Pfad ausgesetzt und bei rutschigem Untergrund nicht einfach zu begehen. Deshalb auf alle Fälle Wanderstöcke mitnehmen!

Wenig später erreichen wir das unterhalb des Gipfels gelegene Hirschberghaus, das wir aber noch links liegen lassen, schließlich wollen wir ja noch auf den Gipfel. Wir folgen dem schmalen Pfad nach Süden; wenig später macht er einen Rechtsbogen und verläuft dann über freies Gelände zum Gipfel des Hirschbergs (1670 m). Dieser letzte Teil des Gipfelanstiegs ist wieder besser und einfacher zu gehen, da wir auf einem breiten Wiesenrücken zum Gipfel aufsteigen können.

Oben angekommen, erwartet uns ein traumhaftes Panorama, das die umliegenden Gipfel und den Tegernsee im Tal zeigt – und schon sind alle Mühen des Aufstiegs vergessen!

Beim Abstieg folgen wir entweder dem gleichen Weg, den wir vom Aufstieg bereits kennen. Oder wir entscheiden uns für den Talabstieg über die Rauheckalm, der uns über den Rauheckweg wieder zurück zu unserem Ausgangspunkt bringt.

Der Hirschberg mit der ziemlich matschigen Hirschberger Lake

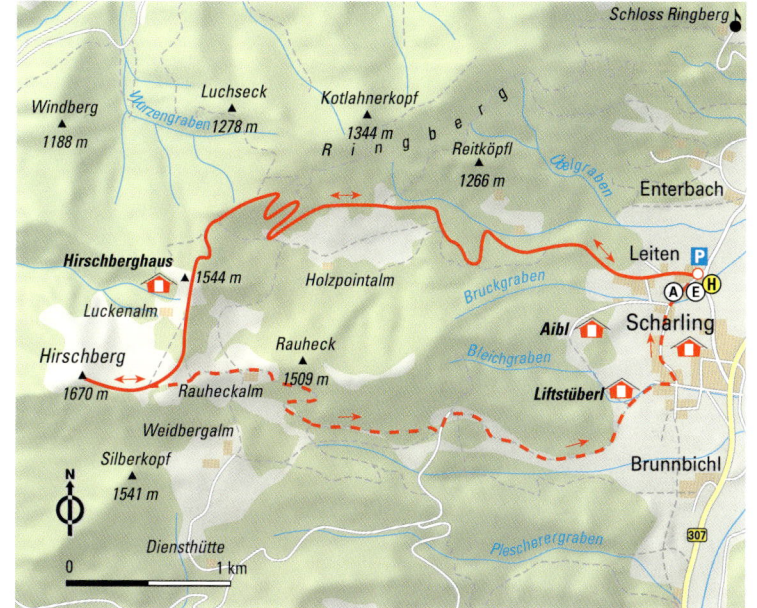

25 · VON SCHARLING AUF DEN HIRSCHBERG

26 Von Oberau auf den Krottenkopf

Zum höchsten Gipfel der bayerischen Voralpen

schwer 7.30 Std. ca. 9 km 1430 Hm

Ausgangs-/Endpunkt
Oberau, Wanderparkplatz (671 m)

Anfahrt
A 95 München–Garmisch bis Oberau, dort links über die Gleise, nach der Schranke rechts abbiegen, am Bahnhof vorbei und über die Loisachbrücke, dahinter links zum Wanderparkplatz. Bahnverbindung München–Oberau, dann Fußweg zur Loisachbrücke beim Parkplatz

Wegverlauf
Oberau – Oberauer Steig – Frickenkar – Weilheimer Hütte – Krottenkopfgipfel – Weilheimer Hütte – Frickenkar – Oberauer Steig – Oberau

Beste Jahreszeit
Juni bis Oktober

Essen und Trinken
Weilheimer Hütte,
Tel. 0170/270 80 52

Information
Tourist-Info Oberau,
Schmiedeweg 10, 82496 Oberau,
Tel. 08824/939 73;
www.oberau.de

Für diese Tour im Estergebirge sollten Sie schon gut trainiert sein und ordentlich Kondition mitbringen – schließlich sind deutlich mehr als 1000 Höhenmeter zu überwinden. Dafür ist die Bergtour technisch nicht besonders schwierig. Und die Strapazen des Aufstiegs lohnen sich: Es erwarten Sie am Gipfel ein einmaliges Panorama und darunter eine urige Berghütte.

Am Wanderparkplatz in Oberau gehen wir zunächst ein Stück zurück zu der Brücke, auf der wir die Loisach überquert haben. Ab hier folgen wir der Ausschilderung zur Weilheimer Hütte und wandern zunächst am Fluss entlang zum Oberauer Steig. Vorbei an Almwiesen führt unser Weg anfangs noch recht gemütlich in der Ebene dahin, bevor wenig später ein steiler Waldpfad, der Oberauer Steig, nach links abzweigt, dem wir folgen.
Wir kommen nun in den Wald und geraten schon bald ins Schnaufen, denn unser Weg zieht sich gleichmäßig steil bergan. Auch im weiteren Verlauf hält uns der steil ansteigende Pfad in Atem – doch bitte achten Sie darauf, möglichst nicht stehen zu bleiben, sondern kontinuierlich in gleichmäßigem Tempo aufzusteigen. Das kommt nicht nur Ihrer Fitness und Kondition zugute, sondern auch Ihrer Figur!

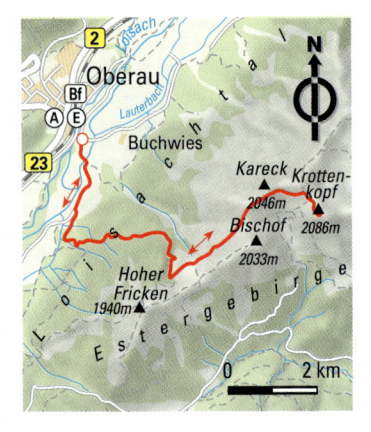

Viele Wanderer nutzen die Weilheimer Hütte auf dem Krottenkopf als Stützpunkt für weitere Touren im Estergebirge. Sie ist aber auch ein lohnendes Tagesziel.

> **Tipp**
>
> Weitere Anregungen für Touren und andere Aktivitäten rund um die Weilheimer Hütte finden Sie unter www.dav-weilheim.de/WMHuette.

Zu Beginn der Wandersaison geht es auf der Weilheimer Hütte noch recht gemütlich zu – das ändert sich im Hochsommer und im Herbst.

Nach diesem langen, anstrengenden Aufstieg lichtet sich auf ca. 1500 Metern Höhe der Wald immer mehr, und wir wandern in den Kessel des Frickenkars hinein. Wir halten uns weiterhin an die Ausschilderung zur Weilheimer Hütte und wandern nun über freies Gelände, bis wir an einer Abzweigung – immerhin sind wir bereits auf 1678 Metern Höhe – links gehen. Wenig später taucht unser Ziel, die Weilheimer Hütte, vor uns auf – doch wie so oft täuscht die Optik, und wir sind noch einige Zeit unterwegs, bis wir die urige Hütte auf dem Sattel zwischen Kareck und Krottenkopf erreicht haben. Doch noch kehren wir nicht ein, schließlich wollen wir noch den Gipfel knacken!

Trotz des anstrengenden Aufstiegs sollten Sie sich den Krottenkopfgipfel nicht entgehen lassen, ist er doch der höchste der bayerischen Voralpen und wahrscheinlich auch für einen persönlichen Rekord gut! Außerdem sind es vom Weilheimer Haus gerade einmal 20 Minuten – allerdings muss man recht steil ansteigen, dafür ist der Weg aber technisch unschwierig.
Oben angekommen, staunen wir über das grandiose Panorama, das an klaren Tagen über die bayerischen Voralpen, das Karwendel-, das Wettersteingebirge und die Ammergauer Alpen bis zu den Lechtaler und den Allgäuer Alpen reicht.
Und danach wartet der kleine Biergarten der Weilheimer Hütte auf unseren Besuch!

Der Abstieg verläuft auf dem gleichen Weg wie der Aufstieg.

Aufstieg mithilfe der Wankbahn

Wenn Ihnen der von uns vorgeschlagene Aufstieg ab Oberau zu anstrengend und zu lang ist, können Sie auch ab Garmisch mit der Wankbahn zur Bergstation fahren und von dort aus in ca. 3 Std. zur Weilheimer Hütte wandern: Zunächst folgt man der Ausschilderung zur Esterbergalm und wandert über freies Gelände mit Blick auf Wamberg, den Eckbauer und das Zugspitzmassiv größtenteils bergab. Nach gut 1 Std. erreicht man die Esterbergalm, und ab jetzt geht's kontinuierlich steil bergauf, anfangs auf breitem Weg, später auf schmalem Steig und durch Geröll. Besonders das letzte Stück vor der Hütte hat es in sich!

Blick vom Gipfel des Riederstein Richtung Tegernsee

Winter-
wanderungen

27 Über Wamberg zum Eckbauer

Vom höchsten Dorf Deutschlands zur tiefsten Klamm

leicht bis mittel   3.30 Std.   ca. 9 km   529 Hm

Ausgangs-/Endpunkt
Parkplatz (520 m) am Kainzenbad in Garmisch-Partenkirchen

Anfahrt
A 95 München–Garmisch bis Autobahnende, dann B 2 nach Garmisch, am Ortseingang Richtung Mittenwald, der Ausschilderung zum Olympiastadion folgen und am Stadion vorbei zum Parkplatz am Kainzenbad. Bahnverbindung München nach Garmisch-Partenkirchen, vom Bahnhof Bus zum Olympiastadion, dann ca. 5 Min. Fußweg zum Kainzenbad

Wegverlauf
Kainzenbad – Wamberg – Eckbauer – Partnachklamm – Kainzenbad

Essen und Trinken
Berggasthof Eckbauer,
Tel. 08821/22 14

Information
Tourist-Information Garmisch-Partenkirchen, Rathausplatz 1, 82467 Garmisch-Partenkirchen, Tel. 08821/91 00,
www.garmisch-partenkirchen.de

Eine schöne Winterwanderung im Wettersteingebirge führt von Wamberg, dem höchstgelegenen Kirchdorf Deutschlands, zum Eckbauer auf 1237 Metern Höhe. Und beim Abstieg erwartet uns ein echtes »Schmankerl«: die Partnachklamm in Garmisch-Partenkirchen, die im Winter mit ihren bizarren Eisformationen ein höchst attraktives Ausflugsziel ist. Aber bitte warm anziehen!

Ausgangspunkt dieser abwechslungsreichen und abgesehen von ein paar Steigungen nicht schwierigen Winterwanderung ist der Parkplatz am Kainzenbad in Garmisch-Partenkirchen. Dort führt unser Weg zunächst nach rechts und gleich relativ steil bergauf – doch keine Sorge, es bleibt nicht immer so.
Wir wandern auf einem schmalen, gut ausgetretenen Pfad und erreichen wenig später eine freie Almfläche, von der wir einen schönen Ausblick auf die Wettersteinwand im Süden und den Wank im Norden haben.

Unser erstes Etappenziel ist das kleine Dorf Wamberg, auf knapp 1000 Metern das höchstgelegene Kirchdorf Deutschlands. Apropos Kirche: Bevor wir weitergehen, werfen wir einen Blick in die kleine Kirche von 1721. Wieder im Freien, genießen wir die himmlische Ruhe und den großartigen Ausblick auf das Wettersteinmassiv mit der Alpspitze und der Zugspitze.

Warm eingepackt in der Sonne sitzen, die Aussicht und eine leckere Brotzeit genießen – was kann an einem Wintertag schöner sein?

Von Wamberg aus halten wir uns rechts und wandern auf einem steil ansteigenden Pfad bergauf, überwiegend durch freies Gelände, sodass wir immer wieder das Bergpanorama vor Augen haben. Im weiteren Verlauf überqueren wir ein weitläufiges Wiesenplateau und kommen an der Bergstation der Eckbauerbahn vorbei, von der es nur noch wenige Minuten bis zum Gipfel des Eckbauer sind. Ein Gipfelkreuz suchen wir allerdings vergebens, dafür gibt es hier oben einen gemütlichen Berggasthof. Wir gönnen uns eine wohlverdiente Pause und lassen uns vielleicht einen der kräftigen, selbst gekochten Eintöpfe schmecken.

Vom Eckbauer führt unser Weg über zahlreiche Serpentinen und streckenweise ganz schön steil bergab. Sobald wir das Vordergraseck erreichen, halten wir uns rechts und gehen links am Forsthaus vorbei weiter bergab, bis wir rechts den ausgeschilderten Weg zur Partnachklamm ausmachen, dem wir folgen.

Wenig später haben wir die Klamm erreicht, die wir nach der Entrichtung einer geringen Eintrittsgebühr auf einem gut gesicherten Steig betreten. Was für eine grandiose Naturkulisse: Die rund 700 Meter lange und über 80 Meter tiefe Klamm ist im Lauf von Jahrtausenden durch den Ferchenbach und die Partnach entstanden, die sich nach und nach ihren Weg durchs Gestein gegraben haben. Seit Ende des 19. Jahrhunderts kann man die Klamm begehen – anfangs auf schmalen und nicht ungefährlichen Steigen, inzwischen auf sicher befestigtem Weg. Im Winter ge-

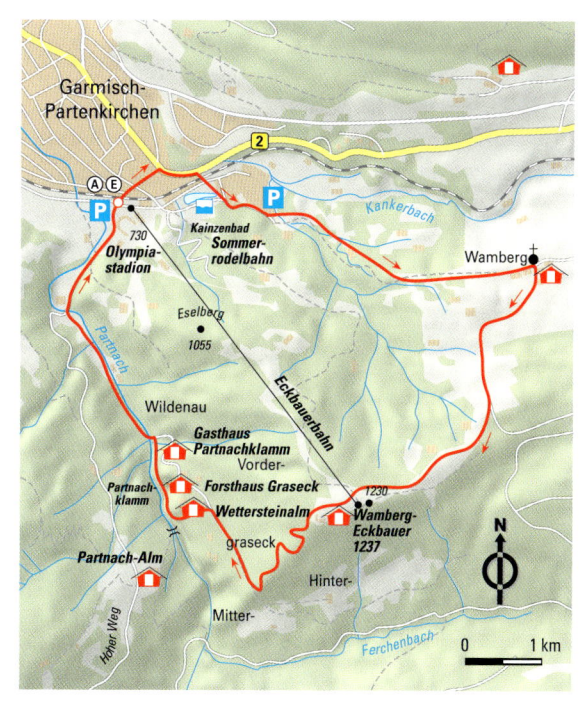

Beschaulich: das kleine Dorf Wamberg mit seinen alten Bauernhäusern

WellVital-Ort Garmisch-Partenkirchen

Wenn Ihnen Garmisch und Umgebung so gut gefallen, dass Sie vielleicht ein Wochenende oder ein paar Tage hier verbringen wollen, sind Sie in puncto Wellness auf der sicheren Seite: Als eine der ersten Gemeinden Deutschlands wurde Garmisch-Partenkirchen nach den strengen Regeln der Bayern Tourismus Marketing GmbH als WellVital-Ort ausgezeichnet. Zwei zertifizierte Partnerhotels, das Hotel Alpina und das Hotel Zugspitze, sind ganz auf den Wellness-Urlaub ausgerichtet.

Im Winter beeindruckt die Partnachklamm durch ihre faszinierenden Schnee- und Eisformationen.

Vor dem Rückweg noch einmal die Bergschuhe festziehen und je nach Schneeverhältnissen Grödeln anlegen – und schon kann es losgehen!

friert das Wasser in der Klamm, und sie verwandelt sich in eine faszinierende Eishöhle mit gigantischen Eiszapfen und gefrorenen Wasserfällen – ein Spektakel, das seinesgleichen sucht! Jedes Jahr kommen an die 200 000 Besucher in die Partnachklamm, um dieses faszinierende Naturdenkmal zu erleben. Sommers wie winters können Sie die Klamm auf gut ausgebauten, mit Geländer gesicherten Stegen durchwandern, nur zur Zeit der Schneeschmelze ist sie gesperrt.

Dass die Partnachklamm so gut erschlossen ist, verdanken wir den Freisinger Bischöfen, denn bis 1802 gehörte das damalige Werdenfels zum Hochstift Freising. Ende des 18. Jahrhunderts erlaubten die Bischöfe ihren Untertanen, in den bischöflichen Wäldern im Ferchental, im Reintal und im Stuibengebiet Brenn- und Bauholz zu schlagen – ein Angebot, das diese gern annahmen. Und um das kostbare Holz ins Tal zu bringen, nutzten die Bauern vor allem im Frühjahr, zur Zeit der Schneeschmelze, die Kraft der Partnach und des Ferchenbachs zum Triften, wie man den Holztransport auf dem Wasser nannte.

Auf dem Weg ins Tal durchquerte das Holz auch die enge Partnachklamm. Da passierte es schnell, dass sich Holzstücke zwischen den Felsen verfingen oder ineinander verkeilten. Dann mussten sich die Männer in die Klamm abseilen und mit langen Holzstangen versuchen, das Holz wieder in Fahrt zu bringen. Weil es dabei oft zu Unglücksfällen kam – die »Totenbretter« zeugen noch heute davon –, legte man 1886 einen ersten einfachen Steig durch die Klamm an. Mit Holzbohlen befestigte Eisenträger wurden knapp über dem Wasser in die Felswände getrieben.

Mit dem Bau dieses Steigs wurde die Klamm für die ersten Touristen, die in die Region kamen, zu einem abenteuerlichen Ausflugsziel, das sich rasch herumsprach. Deshalb begann der Deutsche Alpenverein 1910 mit dem teilweise sehr schwierigen Bau von Stegen durch die Partnachklamm. 1912 waren die Arbeiten abgeschlossen, und die Klamm wurde zum Naturdenkmal ernannt. Doch noch heute müssen die Stege, vor allem nach mehreren Felsbrüchen, immer mal wieder ausgebessert und weiter ausgebaut werden – auch in unserer modernen Zeit zeigt die Natur den Menschen oft ihre Grenzen auf.

Wenn wir uns sattgesehen haben und die Klamm verlassen, befinden wir uns bereits auf dem Weg zurück zu unserem Ausgangspunkt, dem Parkplatz am Kainzenbad.

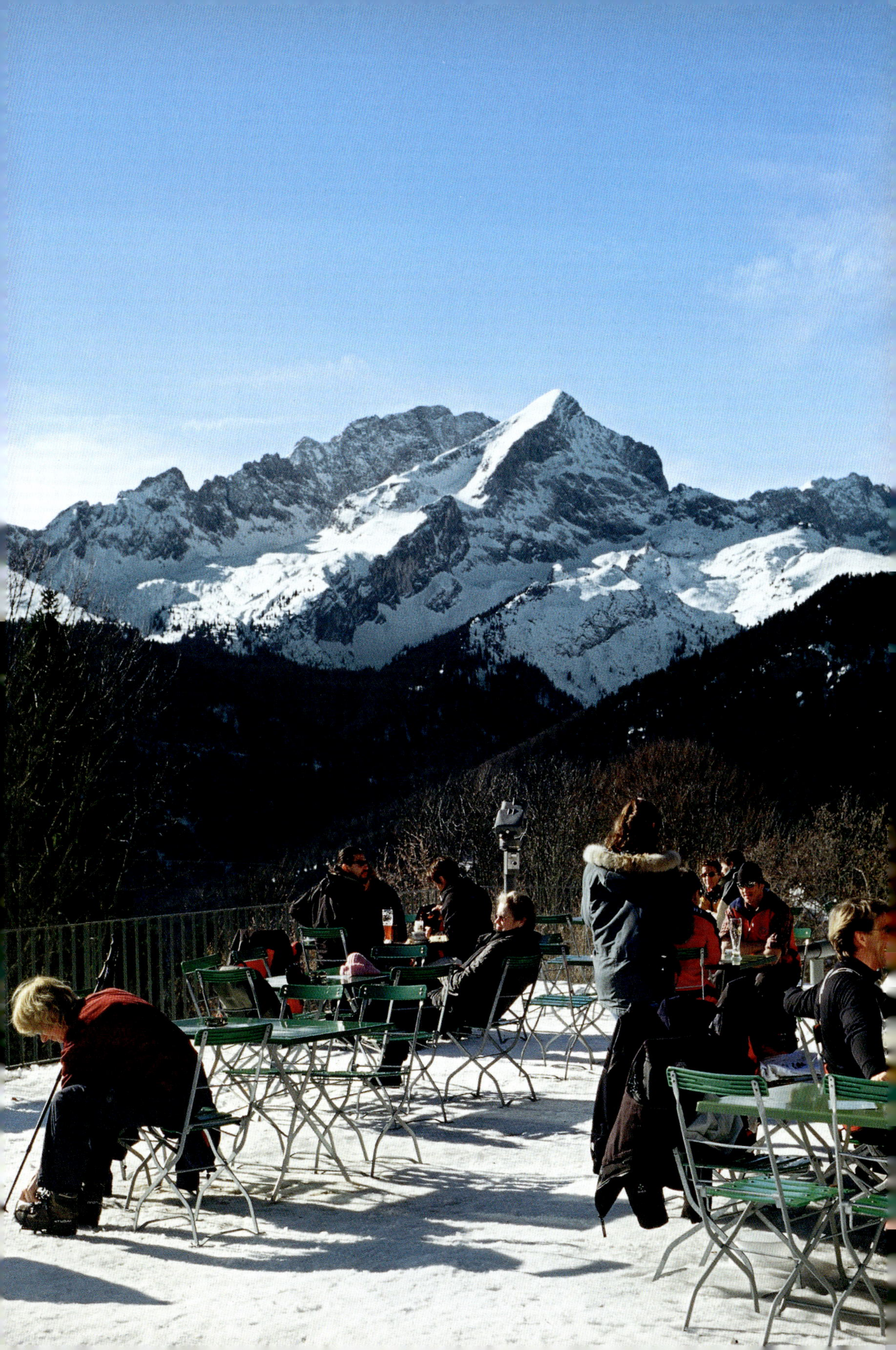

28 Riederstein und Baumgartenschneid

Auf den höchsten Gipfel zwischen Tegern- und Schliersee

mittel   4.30 Std.   ca. 12 km   715 Hm

Ausgangs-/Endpunkt
Wanderparkplatz in Schwaighof (731 m)

Anfahrt
A 8 München–Salzburg bis Ausfahrt Holzkirchen, dann B 318 bis Gmund und auf der B 307 nach Tegernsee, am Ortsende links in die Riedersteinstraße und dort der Ausschilderung »Baumgartenschneid/Riederstein« zum Wanderparkplatz folgen. Bahnverbindung München–Tegernsee (BOB), vom Bahnhof Bus zur Haltestelle »Schwaighof«

Wegverlauf
Schwaighof-Riederstein – Riederstein – Baumgartenschneid – Riederstein – Schwaighof-Riederstein

Essen und Trinken
Berggasthaus Riederstein am Galaun, 83684 Tegernsee, Tel. 08022/27 30 22

Information
Tegernseer Tal Tourismus, Hauptstr. 2, 83684 Tegernsee, Tel. 08022/18 01 40, www.tegernsee.de

Bei dieser reizvollen Winterwanderung bezwingen wir gleich zwei »Buckel« beim Tegernsee: den Riederstein mit seiner Bergkapelle und die Baumgartenschneid, den Lieblingsberg des Schriftstellers Ludwig Thoma. Bis zum Riederstein verläuft die Wanderung auf einem geräumten Forstweg, während der weitere Aufstieg etwas anspruchsvoller ist. Also Wanderstöcke nicht vergessen!

Am Wanderparkplatz in Schwaighof folgen wir der Ausschilderung »Riederstein« und gehen auf einer gut geräumten Forststraße gleich relativ steil bergauf. Den Abzweig nach rechts in Richtung Galaun lassen wir links liegen und bleiben auf unserem Weg.
Im weiteren Verlauf nimmt die Steigung ab, und wir wandern durch den verschneiten Winterwald, der hin und wieder durch eine Lichtung unterbrochen wird. Doch schon bald folgt ein weiteres Steilstück, bis wir schließlich unser erstes Etappenziel, das Berggasthaus Riederstein am Galaun auf 1060 Metern Höhe, erreichen. Wir kehren jedoch noch nicht ein, schließlich haben wir noch einiges vor.

Auf dem Weg zur Baumgartenschneid

Vor dem Gasthaus führt ein Weg nach rechts in Richtung Baumgartenschneid, dem wir folgen. Für den weiteren Aufstieg haben wir – je nach Schneeverhältnissen – die Wahl zwischen zwei Strecken: Wenn der Untergrund von Schnee bedeckt und gut zu gehen ist, gehen wir nach links und wandern über eine schmale, steile Treppe und den schönen Kreuzweg zur Kapelle auf der Baumgartenschneid.

Sollte der Boden dagegen vereist und schwer zu gehen sein, entscheiden wir uns für die Wegführung unterhalb vom Riederstein direkt zur Baumgartenschneid.

Wir haben Glück und nehmen den Treppenweg, der uns über den Kreuzweg mit seinen eindrucksvollen Stationen zu einer Kammhöhe im Wald bringt. Dort halten wir uns links und erreichen wenig später die kleine Riedersteinkapelle von 1840/41. Von hier oben haben wir bei entsprechendem Wetter einen fantastischen Blick auf den Tegernsee im Tal und auf die umliegenden Berggipfel.

Nach einer kleinen Pause machen wir uns auf einem schmalen Pfad auf den Weg zu unserem letzten Ziel, der Baumgartenschneid. Zunächst wandern wir steil bergauf durch den Wald, danach über freies Gelände. Beim Gipfelanstieg sind wir noch einmal richtig gefordert, denn er ist ziemlich steil. Doch die Anstrengung lohnt sich, denn oben am Gipfelkreuz angekommen, genießen wir den fantastischen Panoramablick aus 1444 Metern Höhe – der höchste Punkt liegt mit 1449 Metern ein kurzes Stück weiter hinten.

Der Abstieg erfolgt auf dem Anstiegsweg, wobei wir jetzt – endlich! – im gemütlichen Berggasthaus Riederstein mit seinem schönen Kachelofen einkehren und uns mit einer warmen Suppe stärken können.

Ludwig Thoma

Der Lieblingsberg des bekannten bayerischen Schriftstellers Ludwig Thoma (1867–1921) war die Baumgartenschneid, mit 1448 m der höchste Berg zwischen Tegern- und Schliersee. Am Südhang der Baumgartenschneid bezog Ludwig Thoma 1908 ein Haus und verfasste dort zahlreiche Werke, etwa »Erster Klasse« und »Ein Münchner im Himmel«. Seine letzte Ruhe fand der 1921 in Tegernsee gestorbene Volksschriftsteller auf dem Friedhof in Rottach-Egern.

Das tief verschneite Gipfelkreuz auf der Baumgartenschneid

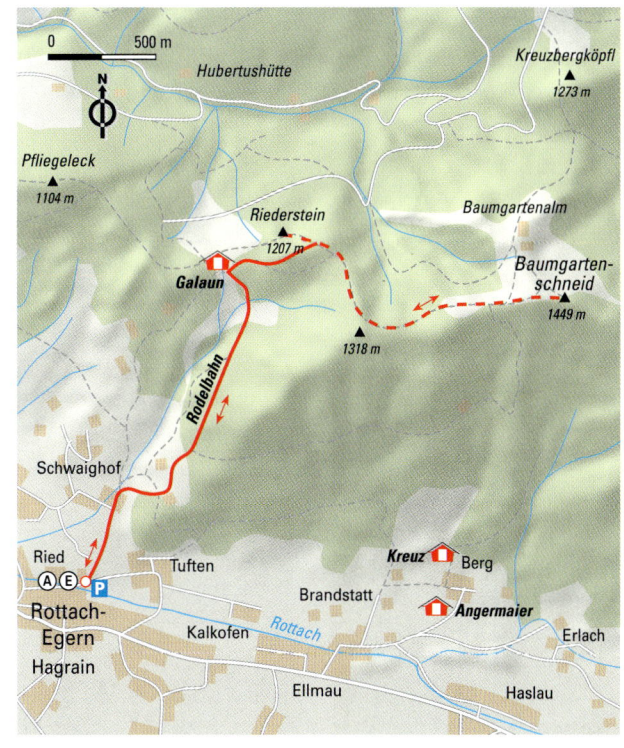

29 Aueralm und Fockenstein

Eine gemütliche Alm und ein felsiger Gipfel

mittel · 3/5.45 Std. · ca. 14 km · 440/745 Hm

Ausgangs-/Endpunkt
Wanderparkplatz (750 m) beim Gasthaus Sonnenbichl in Bad Wiessee

Anfahrt
A 8 München–Salzburg bis Ausfahrt Holzkirchen, dann B 318 bis Gmund am Tegernsee, am Westufer des Sees bis Bad Wiessee, dort die 2. Straße nach der Kirche rechts und am Gasthof Sonnenbichl vorbei (ausgeschildert) zum großen Wanderparkplatz hinter dem Gasthaus. Bahnverbindung München–Gmund (BOB), dann Bus nach Bad Wiessee.

Wegverlauf
Gasthaus Sonnenbichl – Aueralm – Fockenstein – Aueralm – Gasthaus Sonnenbichl

Essen und Trinken
Aueralm, Tel. 08022/836 00, www.aueralm.de (Mo Ruhetag, im Spätherbst auch Di, Mitte Nov. bis Weihnachten geschlossen)

Information
Tourist-Information Bad Wiessee,
Adrian-Stoop-Str. 20,
83707 Bad Wiessee,
Tel. 08022/860 30,
www.bad-wiessee.de

Die Aueralm in den westlichen Tegernseer Bergen ist auch im Winter ein beliebtes und leicht zu erreichendes Wanderziel, während der Gipfelanstieg zum Fockenstein durchaus seine Tücken hat. Entscheiden Sie also selbst, wonach Ihnen ist – abhängig von den Wetter- und Schneeverhältnissen und Ihren persönlichen Ambitionen.

Vom Parkplatz am Gasthaus Sonnenbichl folgen wir dem breiten, geräumten Forstweg in den Wald und halten uns an die gelb ausgeschilderte Wegführung. An einer Weggabelung gehen wir geradeaus weiter und lassen den Abstecher auf die Bad Wiesseer Höhenstraße links liegen. Unser Weg führt schön am Zeiselbach, einem Gebirgsbach, der in den Tegernsee mündet, entlang und zieht sich in einer weiten Kehre bergauf.

Im weiteren Verlauf wird aus dem Forstweg ein schmaler und steiler Pfad. Anfangs wandern wir durch dichten Bergwald, sodass wir nur selten einen freien Ausblick haben. Doch nach und nach lichtet sich der Wald, und wenig später taucht unser erstes Etappenziel, die Aueralm (1299 m), vor uns auf. Die gemütliche Alm hat eine schöne Terrasse für den Sommer, und im Winter kann man sich am Kachelofen in der Stube aufwärmen. Es gibt kleine Gerichte, wobei z. B. die verschiedenen Suppen gut schmecken.

Nun können wir uns entscheiden, ob wir für heute genug gewandert sind und gemütlich einkehren und den schönen Blick auf die Tölzer und Tegern-

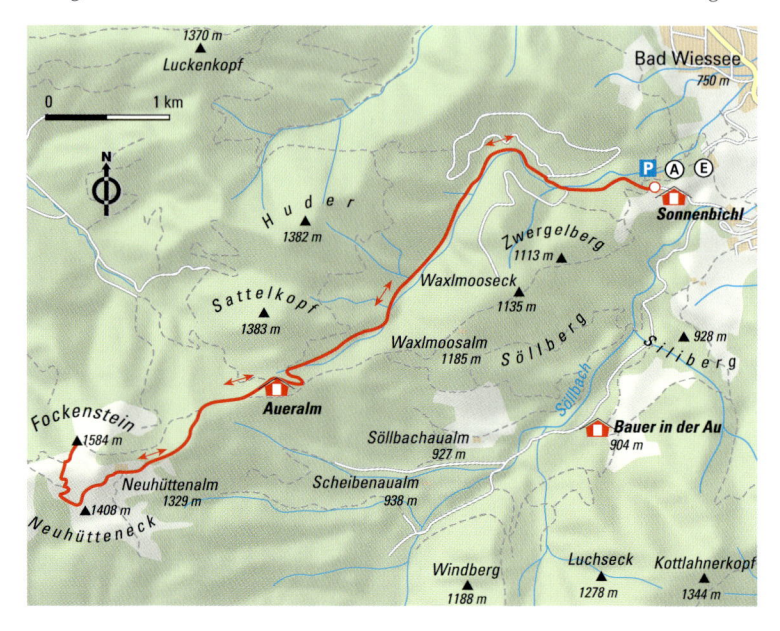

136

seer Berge genießen wollen oder ob wir uns noch den Aufstieg zum Fockenstein zutrauen. In erster Linie hängt dies von den Schneeverhältnissen ab: Wenn viel Schnee liegt, ist der Gipfelanstieg möglicherweise nicht gespurt und kann daher nur mit Schneeschuhen begangen werden. Außerdem sollte man trittsicher sein, um den teilweise recht steilen Aufstieg anzugehen. Die Wegführung ist ausgeschildert, man muss nur darauf achten, nicht aus Versehen auf der Skiabfahrt zu landen.

Eine Thermoskanne mit heißem Tee im Rucksack sollte bei keiner Winterwanderung fehlen.

Wenn Sie sich für den Gipfelanstieg entscheiden, folgen Sie zunächst dem breiten Forstweg in Richtung Neuhüttenalm (ausgeschildert), der sich in Serpentinen um den Berg windet. Beim Abzweig nach Lenggries halten wir uns weiter bergauf; nun wird der Weg schmaler und möglicherweise schwieriger zu begehen. Falls zu viel Schnee liegt und wir keine Schneeschuhe dabeihaben, sollten wir hier besser umdrehen – auch wenn wir den Gipfel des Fockenstein bereits vor uns sehen. Denn das letzte Stück hat es noch einmal in sich, hier ist Trittsicherheit gefragt.

Wenn wir den Gipfel (1584 m) samt Kreuz erreicht haben, schnaufen wir erst einmal so richtig aus und genießen dann den schönen Ausblick.

Der Abstieg erfolgt auf dem gleichen Weg wie der Aufstieg.

> **Bad Wiessee**
>
> Gönnen Sie sich nach der Bergtour doch ein entspannendes Wannen- oder Sprühbad in der Jodschwefel-Kochsalz-Therme in Bad Wiessee am Westufer des Tegernsees. Und danach relaxen Sie im Ruhebett und fühlen sich wie neugeboren ... Seit über 100 Jahren zieht das Bad, das stärkste seiner Art in Deutschland, Gäste aus nah und fern an. Ob Sie Ihrer Haut Gutes tun oder Ihr Herz-Kreislauf-System stärken wollen: Hier in der Therme sind Sie dafür genau richtig! Jodschwefelbad, Adrian-Stoop-Str. 37–47, 83707 Bad Wiessee, Tel. 08022/860 80, www.jodschwefelbad.de

30 Von Garmisch-Partenkirchen auf den Wank

Sonnige Aussichtsterrasse im Estergebirge

schwer   6.15 Std.   ca. 11 km   1072 Hm

Ausgangs-/Endpunkt
Garmisch-Partenkirchen, Parkplatz an der Talstation der Wankbahn (730 m)

Anfahrt
A 95 München–Garmisch bis Autobahnende, weiter Richtung Partenkirchen, am Ortseingang von Garmisch-Partenkirchen links in die Münchner Straße, erneut links, der Ausschilderung zur Wankbahn folgen und zum Parkplatz an der Talstation. Bahnverbindung München–Garmisch-Partenkirchen, dann Bus zur Wankbahn

Wegverlauf
Talstation Wankbahn – Eckenhütte – Wank – Eckenhütte – Talstation Wankbahn

Essen und Trinken
Wank-Haus, Wank 1, 82467 Garmisch-Partenkirchen, Tel. 08821/562 01, www.becker-stoll.de

Information
Tourist-Information Garmisch-Partenkirchen, Rathausplatz 1, 82467 Garmisch-Partenkirchen, Tel. 08821/91 00, www.garmisch-partenkirchen.de

Während der 1779 Meter hohe Wank dank seines einzigartigen Gipfelpanoramas im Sommer ein überaus beliebter und gut besuchter Berg ist, hat man diesen schönen Gipfel im Winter (fast) für sich allein! Doch bevor wir uns auf diese recht knackige Tour begeben, fragen wir erst mal im Wankhaus nach, ob der Weg zum Gipfel gespurt ist – sonst bleibt er Schneeschuhgängern vorbehalten.

Bevor wir uns an den Aufstieg zum Wank machen, studieren wir die Panoramakarte am Parkplatz und machen uns – falls wir keine eigene Karte dabeihaben – mit der Wegführung vertraut. Zunächst wandern wir auf einem schmalen Forstweg, der sich durch den Wald schlängelt, bergauf. Wir queren eine Forststraße, bleiben aber auf unserem Weg. Er verläuft jetzt unterhalb der Wankbahn, die im Winter allerdings nicht in Betrieb ist.
Der Ausschilderung »Wank/Eckenhütte« folgend, steigen wir anfangs noch mäßig, später steiler durch den schön verschneiten Bergwald bergan. Doch schon bald verlassen wir den Wald und erreichen eine freie Almfläche, die den Blick auf die nicht bewirtschaftete Eckenhütte freigibt.

Von hier wandern wir weiter in Richtung Mittelstation der Bergbahn. Noch vor der Mittelstation zweigt ein kleiner Weg nach rechts ab, dem wir bergauf folgen. Über zahlreiche Serpentinen steigen wir bergan und gewinnen so recht schnell an Höhe – allerdings spüren wir die Höhenmeter auch ganz or-

(Fast) ein Geheimtipp im Winter: der Aufstieg auf den Wank

> **Alpspitz-Wellenbad**
>
> Nach der anstrengenden Bergtour auf den Wank können Sie im Alpspitz-Wellenbad in Garmisch-Partenkirchen mit seiner schönen, 1000 m² großen Bade- und Saunalandschaft auf dem Dach entspannen. Wohltuend ist auch das Wellenbecken mit 27 °C warmem Wasser. Alpspitz-Wellenbad, Klammstr. 47, 82467 Garmisch-Partenkirchen, Tel. 08821/75 33 13

dentlich. Normalerweise ist der Weg gut gespurt, sodass wir problemlos, wenn auch mit einiger Anstrengung, zum Wankgipfel aufsteigen.

Und schließlich haben wir unser Ziel erreicht und genießen den grandiosen Rundumblick – man munkelt ja, dass man vom Gipfel des Wank über 100 andere Gipfel sehen könne ... Eine Übersichtstafel hilft uns dabei, die einzelnen Berge zu identifizieren. Unschwer lässt sich das beliebte Fotomotiv des Wettersteinpanoramas mit der Zugspitze, Mittenwald und den Karwendelgipfeln sowie das Alpenvorland mit seinen schönen Seen erkennen.

Nach ausreichender Würdigung des Gipfelpanoramas lassen wir uns auf der Sonnenterrasse oder in der Gaststube des Wankhauses nieder und bestellen uns erst einmal eine warme Suppe und ein Glas Tee.

Nach der gemütlichen Einkehr und gut aufgewärmt machen wir uns dann wieder an den Abstieg dieser traumhaft schönen Tagestour, der auf dem gleichen Weg wie der Aufstieg erfolgt.

Auch Grödeln gehören zur Winterwanderausrüstung – wer einmal auf vereistem Untergrund auf- oder abgestiegen ist, weiß warum.

Viel Spaß beim Weiterwandern!

Register

A
Agger 12, 124
Aggertalhöhle 124
Aggertalsperre 104, 106
Aggerverb
Adelegg 96, 98
Albert-Link-Hütte 60
Alpe Gschwenderberg 68, 69
Alpe Oberau 118
Alpsee 68, 69
Aueralm 136
Auerberg 70, 72, 73
Ausdauersport 18, 19
Ausdauertraining 26
Ausrüstung 40, 51

B
Bad Wiessee 136, 137
Baumgartenschneid 134, 135
Bayrischzell 110, 111
Bayrischzeller Höhenweg 110
Bernbeuren 70
Biorhythmus 30
Birgsau 120
Blecksteinhaus 60
Bolsternang 96, 99
Brauneck 112
Breitenbach 88
Bühl 68, 69

C
Chiemsee 115

D
Denkalm 76
Dietersberg 105
Draxlhang 112, 113
Drei-Schlösser-Weg 100

E
Eckbauer 130
Eiweiß 32
Enzianhütte 121, 122
Ernährung 28, 29, 30, 51

F
Feichteck 92
Feichteck-Alm 92
Fettstoffwechsel 22, 24
Feuersteinschlucht 70
Fockenstein 136
Füssen 100, 103

G
Gammern 92
Garmisch-Partenkirchen 130, 132, 138
Gerstruben 104, 106, 107
Gindelalmschneid 88
Grassau 66
Gröblalm 87
Grundern 74, 75

H
Heißhunger 31
Hinterer Rauschberg 59
Hirschbaachsattel 91
Hirschbachtal 90
Hirschberg 124
Hirschberghaus 124
Hohenschwangau 103
Hoher Kranzberg 84
Hutzenalm 94, 95

I
Intervalltraining 44
Isartal 74, 75

J
Jägersteig 70, 72
Jojo-Effekt 14, 22, 29

K
Kalvarienberg 101
Karwendelbad 83
Karwendelbahn 82, 83
Karwendelgebirge 82, 87
Kemptner Hütte 116, 118, 119
Kendlmühlfilzen 66
Königsalpe 78

Kotalm 112
Kraftausdauer 25, 39
Krafttraining 45
Krankheitsrisiko 27
Kranzberg 86
Kranzberghaus 86
Kräuterwanderungen 93
Krottenkopf 126

L

Leitzachtal 110
Lenggries 76, 77, 90, 112
Lenggrieser Hütte 90, 91

M

Missen 78
Mittenwald 82, 83, 84, 87
Mittenwalder Hütte 82, 83
Moosrain 64
Moserberg 95
Motivation 49
Muckklause 54
Murnau 65
Murnauer Moos 62, 63
Muskelaufbau 25
Muskelmasse 25

N

Nebelhornbahn 104, 105
Neuschwanstein 103
Niederhofer Alm 111

O

Oberau 126
Oberauer Steig 126
Oberstdorf 104, 105, 116

P

Partnachklamm 131, 132
Pfaffenwinkel 70
Postbotenstudie 20

R

Rappenalptal 120
Rappenseehütte 120, 123
Rappenseekopf 122

Rauschberg 56
Rauschbergbahn 56
Regeneration 40, 51
Reit im Winkel 94
Riederstein 134, 135
Rottau 66, 67

S

Sachrang 114, 115
Scharling 124
Schliersee 88, 89, 134
Schloss Hohenschwangau 101
Schloss Neuschwanstein 101, 102
Schwaighof 134
Schwansee 101
Schwarzer Grat 96
Seekarkreuz 91
Sonnenalm 55
Sonnenbichl 136
Sonntraten 74
Spielmannsau 116, 119
Spitzingsee 60
Spitzstein 114
Spitzsteinhaus 115
Staffelsee 65
Stiealm 112, 113
Stoffwechsel 16, 26, 29, 35, 39
Sulzersteig 90

T

Taubensee 94, 95
Tegernsee 88, 89, 134

V

Valepp 60
Verpflegung 49
Vorderer Rauschberg 58

W

Wamberg 130
Wank 138, 139
Wankbahn 127
Weilheimer Hütte 126, 127
Weitnau 78
Wildensee 87
Winkelmoosalm 54

Ebenfalls erhältlich ...

Laufend schlank

Katja Mayer

Laufen – Abnehmen – Wohlfühlen: In 12 Wochen zum Wunschgewicht

BRUCKMANN

ISBN 978-3-7654-6164-4

Abnehmen und gleichzeitig fitter werden – ganz ohne Hexerei? In zwölf Wochen? Und auch noch mit Spaß? Das geht, sagt Katja Mayer. Plakativ und motivierend führt die Triathlon-Amateurweltmeisterin und Sportcoach ihre Leser durch ein 12-Wochen-Laufprogramm mit anpassbaren Trainingsplänen und berichtet zudem von ihrem eigenen Weg vom übergewichtigen Sportmuffel zum Profisportler. Auch erfolgsentscheidende Themen wie Ernährung, Atmung, Stretching – und Motivation! – lässt sie nicht außer Acht.

BRUCKMANN
www.bruckmann.de

Impressum

Unser komplettes Programm:
www.bruckmann.de

Produktmanagement: Beate Dreher, Claudia Hohdorf
Lektorat: Anette Späth, München
Satz und Gestaltung: BUCHFLINK Rüdiger Wagner, Nördlingen
Kartografie: Heike Boschmann, Computerkartografie Carrle, München; Achim Norweg, München; Rolle Kartografie, Holzkirchen
Herstellung: Anna Katavic, Barbara Uhlig
Repro: Cromika, Verona
Printed in Italy by Printer Trento

Alle Angaben dieses Werkes wurden vom Autor sorgfältig recherchiert und auf den aktuellen Stand gebracht sowie vom Verlag geprüft. Fur die Richtigkeit der Angaben kann jedoch keine Haftung übernommen werden. Für Hinweise und Anregungen sind wir jederzeit dankbar. Bitte richten Sie diese an: Bruckmann Verlag, Postfach 40 02 09, D-80702 München.
E-Mail: lektorat@verlagshaus.de

Bildnachweis:
Die Bilder im Innenteil stammen von Ralf Gorgas, mit Ausnahme von: Lisa und Dr. Wilfried Bahnmüller, S. 67, 74, 75, 76. 82, 83, 86, 87, 89, 92, 93, 95 unten, 110, 111, 112, 124, 125; Petra Dirscherl/pixelio, S. 19; Gerhard Eichstetter/pixelio, S. 88; Norbert Eisele-Hein, S. 12/13, 23; Fotolia, S. 10, 28, 30, 31, 35, 52/53, 108/109, 113; Andreas Hermsdorf/pixelio, S. 16, 37, 40, 44; Ewald Kirschke, S. 90, 91; Jörg Naujokat/pixelio, S. 6; picture alliance/chormorange/P. Widmann, S. 18, 36, 45; picture alliance/McPhoto-Himsl, S. 20, 40; Rainer Sturm/pixelio, S. 5, 14, 33; Josef Türk Jun./pixelio, S. 24, 95 oben

Umschlagvorderseite: picture alliance/Beyond
Umschlagrückseite: Fotolia

Die Deutsche Nationalbibliothek verzeichnet diese Publikation in der Deutschen Nationalbibliografie; detaillierte bibliografische Daten sind im Internet über http://dnb.d-nb.de abrufbar.

© 2013 Bruckmann Verlag GmbH, Munchen

ISBN 978-3-7654-6127-9